BESTACTIVITYBOOKS.COM

PREMIERE ÉDITION

Dépôt légal, 2022

Illustration Graphique Extra: www.freepik.com
Merci à Alekksall, Starline, Pch.vector, Rawpixel.com, Vectorpocket, Dgim-studio, Upklyak, Macrovector, Stockgiu, Pikisuperstar & Freepik.com Designers

Découvrez des Jeux Gratuits en Ligne

Disponible Ici :

BestActivityBooks.com/FREEGAMES

5 ASTUCES POUR DÉMARRER !

1) COMMENT RÉSOUDRE LES MOTS MÊLÉS

Les puzzles sont dans un format classique :

- Les mots sont cachés sans espaces, tirets, ...
- Orientation : Les mots peuvent être écrits en avant, en arrière, vers le haut, vers le bas ou en diagonale (ils peuvent être inversés).
- Les mots peuvent se chevaucher ou se croiser.

2) UN APPRENTISSAGE ACTIF

Un espace est prévu à côté de chaque mots pour noter la traduction. Pour favoriser un apprentissage actif un **DICTIONNAIRE** à la fin de cette édition vous permettra de vérifier et étendre vos connaissances. Cherchez et notez les traductions, trouvez-les dans le Puzzle et ajoutez-les à votre vocabulaire !

3) MARQUEZ LES MOTS

Vous pouvez inventer votre propre système de marquage. Peut-être en utilisez-vous déjà un ? Sinon, vous pourriez, par exemple, marquer les mots qui ont été difficiles à trouver d'une croix, ceux que vous avez aimés d'une étoile, les mots nouveaux d'un triangle, les mots rares d'un diamant, etc...

4) STRUCTUREZ VOTRE APPRENTISSAGE

Cette édition vous offre un **CARNET DE NOTES** très pratique à la fin du livre. En vacances ou en voyage ou à la maison, vous pouvez facilement organiser vos nouvelles connaissances sans avoir besoin d'un second bloc-notes !

5) VOUS AVEZ FINI TOUTES LES GRILLES ?

Allez à la section bonus **CHALLENGE FINAL** pour trouver un jeu gratuit à la fin de cette édition !

Simple et Rapide ! Découvrez notre collection de livres d'activités pour votre prochain moment de détente et **d'apprentissage**, à juste un clic de distance !

Trouvez votre prochain défi sur :

BestActivityBooks.com/MonProchainLivre

À vos marques, prêts... Partez !

Saviez-vous qu'il existe environ 7 000 langues différentes dans le monde ? Les mots sont précieux.

Nous aimons les langues et avons travaillé dur pour créer les livres de la plus haute qualité pour vous. Nos ingrédients ?

Une sélection des thématiques d'apprentissage adaptée, trois belles parts de divertissement, puis nous ajoutons une cuillère de mots difficiles et une pincée de mots rares. Nous les servons avec soin et un maximum de plaisir pour vous permettre de résoudre les meilleurs jeux de mots mêlés qui soient et d'apprendre en vous amusant !

Votre avis est essentiel. Vous pouvez participer activement au succès de ce livre en nous laissant un commentaire. Nous aimerions vraiment savoir ce que vous avez préféré dans cette édition !

Voici un lien rapide qui vous mènera à la page d'évaluation de vos commandes :

BestBooksActivity.com/Avis50

Merci pour votre aide et amusez-vous bien !

De la part de toute l'équipe

1 - Adjectifs #2

V	Q	P	A	V	E	F	O	N	I	U	C	B	A	I
D	R	A	M	A	N	O	S	O	V	A	Ĝ	A	H	N
O	Y	V	H	K	O	R	N	M	F	I	E	R	A	T
T	O	O	X	E	L	T	Z	W	A	S	J	U	V	E
A	D	N	B	S	J	A	L	A	S	M	N	P	I	R
P	P	R	I	S	K	R	I	B	A	M	A	F	T	E
T	O	L	D	B	I	U	G	A	C	N	V	J	K	S
V	O	T	Z	A	Y	T	T	Ŭ	Z	X	A	D	U	A
S	Q	A	E	T	U	A	X	T	I	Q	E	S	D	E
K	R	E	A	N	V	N	P	E	Z	I	K	J	O	N
G	S	L	F	E	C	T	I	N	L	E	W	Z	R	G
N	Q	K	W	L	Y	A	G	T	L	L	Z	U	P	W
E	L	E	G	A	N	T	A	A	E	J	U	F	Y	R
L	D	U	T	T	Z	R	E	D	V	N	O	P	N	H
R	E	S	P	O	N	D	E	M	T	M	L	E	I	C

AŬTENTA
FAMA
KREA
PRISKRIBA
TALENTA
DRAMAN
ELEGANTA
FIERA
FORTA
INTERESA
NATURA
NOVA
PRODUKTIVA
POTENCA
PURA
RESPONDE
SANA
SALAJ
SOVAĜA
SEKA

2 - Formes

P	A	F	E	O	D	D	K	S	E	I	I	Y	P	Q
O	N	V	L	L	O	L	U	G	N	A	I	R	T	N
L	G	W	R	A	I	R	B	C	L	P	O	K	R	A
I	U	X	T	G	N	P	O	I	N	I	L	K	T	C
G	L	T	A	T	G	K	S	X	A	D	U	O	K	I
O	O	M	S	I	R	P	O	O	M	Y	G	T	U	R
N	P	B	X	E	K	S	Y	J	O	D	N	A	R	K
O	H	I	U	G	K	F	T	O	L	P	A	R	B	L
L	C	X	R	K	E	E	F	F	O	S	T	D	O	O
W	O	B	E	A	O	R	C	S	B	T	C	A	M	O
Y	E	F	C	F	M	O	K	O	R	O	E	V	U	N
K	O	N	U	S	O	I	Z	V	E	V	R	K	E	A
P	B	J	M	B	C	L	D	L	P	A	R	H	S	Q
C	I	L	I	N	D	R	O	O	I	L	R	T	Q	Z
L	I	N	E	B	E	T	K	U	H	A	S	Z	B	Z

ARKO
RANDOJ
KVADRATO
CIRKLO
ANGULO
KURBO
KONUSO
FLANKO
KUBO
CILINDRO

ELIPSO
HIPERBOLO
LINIO
OVALA
POLIGONO
PRISMO
PIRAMIDO
RECTANGULO
SFERO
TRIANGULO

3 - Force et Gravité

U	K	A	L	E	M	A	G	D	T	H	B	P	Q	D
L	N	D	O	P	U	A	E	Z	L	E	R	K	X	I
K	U	I	V	V	O	G	G	H	K	U	M	C	F	S
V	Q	O	V	O	K	L	E	N	M	N	J	P	A	T
W	J	O	D	E	N	A	L	P	E	V	N	R	O	A
S	D	Z	P	O	R	T	N	E	C	T	A	A	Z	N
M	Y	V	C	O	D	S	V	W	C	E	I	O	E	C
O	R	B	I	T	O	O	A	K	X	F	F	S	P	O
D	I	N	A	M	I	K	A	L	U	I	R	N	M	G
I	A	G	V	S	K	I	E	P	A	K	O	A	N	O
P	V	T	G	B	S	Z	O	R	B	O	T	P	U	V
A	D	K	D	F	C	I	G	E	D	S	A	X	V	O
R	C	Q	O	Z	Z	F	J	M	T	K	D	E	R	M
M	E	K	A	N	I	K	O	O	V	A	O	F	R	O
P	R	O	P	R	A	Ĵ	O	J	H	J	L	B	U	G

AKSO
CENTRO
ELKOVO
DISTANCO
DINAMIKA
EXPANSO
FROTADO
EFIKO
MAGNETISMO
MEKANIKO
MOVO
ORBITO
FIZIKO
PLANEDOJ
PEZO
PREMO
PROPRAĴOJ
TEMPO
UNIVERSALA
RAPIDO

4 - Adjectifs #1

B	S	Z	M	V	Y	B	P	P	G	B	B	X	M	L
P	E	O	S	A	P	L	U	K	N	E	S	D	Z	A
C	S	L	N	H	L	M	A	L	A	V	A	R	A	M
T	L	E	A	P	K	D	V	S	Y	J	A	I	N	B
H	O	N	E	S	T	O	I	G	Q	U	R	D	R	I
A	L	L	O	G	A	N	T	K	P	N	O	E	E	C
E	K	Z	O	T	A	F	K	U	A	A	M	N	D	I
Z	W	W	Y	X	N	I	A	Y	U	M	A	T	O	A
G	R	A	N	D	E	G	A	B	B	E	J	A	M	Q
A	L	G	Z	F	A	M	A	L	R	A	P	I	D	A
B	Y	R	P	E	Z	A	T	U	L	O	S	B	A	S
F	S	A	P	E	R	F	E	K	T	A	I	F	A	X
B	T	V	B	J	H	T	V	J	Z	M	Y	D	R	D
V	Y	A	S	E	M	X	H	S	X	A	E	B	T	P
H	R	T	U	C	B	N	M	D	H	G	Y	W	A	G

ABSOLUTA
AKTIVA
AMBICIA
AROMAJ
ARTA
ALLOGA
BELA
EKZOTA
GRANDEGA
MALAVARA
HONESTO
IDENTA
GRAVA
SENKULPA
JUNA
MALRAPIDA
PEZA
MALDIKA
MODERNA
PERFEKTA

5 - Herboristerie

F	E	N	K	O	L	O	S	M	K	W	E	F	F	A
K	T	K	E	T	N	L	V	A	L	I	T	U	R	J
V	A	U	N	N	Q	E	X	K	F	U	D	T	U	L
A	R	L	E	E	B	S	D	X	B	R	D	R	Q	O
L	R	I	W	M	K	O	P	R	F	Q	A	L	P	A
I	A	N	F	B	B	R	D	R	A	A	D	N	R	R
T	G	A	L	I	K	T	J	Y	N	Ĝ	R	A	O	O
O	O	R	O	D	N	E	V	A	L	Z	E	F	C	M
B	N	A	R	Y	M	P	N	A	E	C	V	R	J	A
X	A	T	O	P	Q	G	U	S	T	O	C	R	W	J
L	V	Z	T	I	M	I	A	N	O	R	E	M	O	R
X	S	E	I	I	N	G	R	E	D	I	E	N	C	O
I	S	Y	D	L	M	A	R	Ĝ	O	R	O	M	O	L
C	I	E	Q	U	O	N	G	U	S	V	V	C	Q	U
D	O	E	R	D	M	J	X	P	P	C	V	I	K	N

AJLO
AROMAJ
BAZILO
UTILA
KULINARA
TARRAGON
FENKOLO
FLORO
INGREDIENCO
ĜARDENO

LAVENDO
MARĜOROMO
MENTO
PETROSELO
KVALITO
ROMERO
SAFRANO
GUSTO
TIMIANO
VERDA

6 - Véhicules

X	G	J	X	M	D	B	U	V	F	Y	A	I	H	T
B	U	S	O	T	Ŭ	A	I	O	N	J	D	B	E	R
A	V	I	A	D	I	L	O	C	A	J	V	T	L	A
M	Z	H	P	U	B	P	Z	N	I	V	U	O	I	C
P	R	I	M	O	I	S	K	A	T	K	X	I	K	T
R	F	K	P	R	S	B	E	L	Z	G	L	J	O	O
A	L	A	G	O	V	U	A	U	G	I	A	O	P	R
K	O	M	O	T	A	O	B	B	M	F	Q	Ŭ	T	R
E	S	I	N	O	S	N	H	M	Z	X	L	E	E	D
T	O	O	A	M	O	K	O	A	A	K	H	N	R	Y
O	M	N	V	G	B	L	O	M	A	R	P	P	O	A
V	P	O	A	V	Q	B	R	T	B	V	Ŝ	Q	D	H
Q	K	Z	R	G	Z	V	T	X	E	Z	T	I	M	N
L	M	E	A	Z	O	G	E	D	X	R	E	A	P	U
D	G	Q	K	U	C	F	M	C	S	I	O	X	M	O

AMBULANCO
AVIADILO
BOATO
BUSO
KAMIONO
KARAVANO
PRIMO
RAKETO
HELIKOPTERO
METROO

MOTORO
PRAMO
PNEŬOJ
FLOSO
SKOTERO
SUBMARŜIPO
TAKSIO
TRACTOR
BICIKLO
AŬTO

7 - Camping

Z	H	M	C	H	Y	K	A	N	U	O	B	B	Y	B
S	A	R	B	A	R	O	Y	B	I	S	E	N	E	N
T	E	D	G	B	L	H	V	E	R	A	S	Q	M	V
B	T	Q	B	L	O	Z	Y	Y	E	P	T	N	C	G
H	I	P	R	R	A	E	L	T	U	M	O	I	S	A
A	V	E	N	T	U	R	O	U	D	O	J	I	A	O
A	D	W	N	S	A	P	W	O	N	K	A	R	A	U
M	E	A	A	M	T	H	O	D	G	O	R	U	N	Ŝ
M	O	N	T	O	F	B	T	N	A	R	Q	E	T	D
Q	N	O	Ĵ	A	P	I	K	E	H	J	C	S	O	I
Z	A	L	G	O	N	R	E	T	N	A	L	P	X	X
U	B	E	W	A	W	Z	S	F	L	F	M	R	A	Q
Z	A	P	G	E	L	I	N	M	A	P	O	A	G	P
O	K	A	N	N	S	C	I	N	Q	T	L	G	K	P
S	O	Ĉ	A	S	A	D	O	R	U	T	A	N	V	O

BESTOJ
AVENTURO
KOMPASO
KABANO
KANUO
MAPO
ĈAPELO
ĈASADO
ŜNURO
EKIPAĴO

FAJRO
ARBARO
HAMAKO
INSEKTO
LAGO
LANTERNO
LUNO
MONTO
NATURO
TENDO

8 - Écologie

M	A	R	Ĉ	O	N	W	G	M	D	I	Y	J	N	D
D	A	A	D	A	Ŭ	R	I	G	E	B	L	A	A	K
S	U	P	E	R	V	I	V	O	F	Q	O	B	T	E
K	D	I	V	E	R	S	E	C	O	L	O	I	U	W
O	T	Y	Z	K	S	E	K	E	C	O	O	E	R	I
K	L	I	M	A	T	O	H	I	B	M	J	R	O	M
S	V	E	H	J	O	T	N	A	L	P	O	B	A	O
P	A	L	X	W	W	R	N	O	B	F	L	Y	F	N
E	R	T	M	J	C	I	A	A	H	I	U	J	D	T
C	I	P	S	H	N	M	T	U	K	H	T	Z	L	O
I	O	O	W	Z	U	E	U	L	Y	H	N	A	V	J
O	F	A	Ŭ	N	O	D	R	O	N	M	O	Z	T	C
B	S	R	C	D	V	O	A	G	D	F	L	K	D	O
P	B	A	V	B	D	J	R	D	F	K	O	V	O	Q
K	O	M	U	N	U	M	O	J	P	I	V	I	M	F

VOLONTULOJ
KLIMATO
KOMUNUMOJ
DIVERSECO
DAŬRIGEBLA
SPECIO
FAŬNO
FLORA
HABITATO
MARĈO
MARA
MONTOJ
NATURO
NATURA
PLANTOJ
RIMEDOJ
SEKECO
SUPERVIVO
VARIO

9 - Géométrie

K	D	I	M	E	N	S	I	O	B	R	U	K	T	S
E	A	V	E	R	T	I	K	A	L	A	R	V	E	I
U	O	L	U	G	N	A	A	K	J	W	C	U	O	M
P	N	O	K	I	G	O	L	P	F	G	M	N	R	E
P	F	O	X	U	F	U	P	E	I	J	L	U	I	T
R	A	I	A	M	L	V	B	S	V	C	N	Q	O	R
Q	W	R	X	C	I	O	R	T	E	M	A	I	D	I
R	A	I	A	K	S	U	R	F	A	C	O	K	E	O
A	L	T	O	L	C	I	R	K	L	O	M	D	K	N
E	H	O	T	N	E	M	G	E	S	E	U	Z	V	A
X	Q	C	J	U	T	L	M	I	D	I	V	H	A	I
H	J	E	A	P	N	W	O	R	E	M	U	N	C	D
S	V	R	S	T	U	P	D	S	K	B	H	L	I	E
P	R	O	P	O	R	C	I	O	A	W	N	W	O	M
T	R	I	A	N	G	U	L	O	O	M	O	K	R	F

ANGULO
KALKULO
CIRKLO
KURBO
DIAMETRO
DIMENSIO
EKVACIO
ALTO
LOGIKO
MASO
MEDIANO
NUMERO
PARALELO
PROPORCIO
SEGMENTO
SURFACO
SIMETRIO
TEORIO
TRIANGULO
VERTIKALA

10 - Les Médias

K	Y	M	H	N	W	U	Y	D	V	L	H	S	L	E
J	O	T	K	A	F	O	P	I	N	I	O	N	O	L
O	U	M	T	R	K	N	B	V	H	J	G	I	K	D
N	D	Z	U	O	A	C	R	E	M	O	K	N	A	O
E	I	H	L	N	X	D	N	Z	P	T	W	D	T	N
T	V	N	Z	X	I	R	I	P	R	O	U	U	K	O
N	I	F	H	E	P	K	M	O	E	F	V	S	E	D
I	D	G	M	L	D	W	O	D	T	X	R	T	L	I
S	N	R	E	S	W	P	S	A	E	E	L	R	E	V
P	I	L	E	M	P	L	N	C	M	X	R	I	T	E
G	A	Z	E	T	O	J	H	N	W	E	B	O	N	L
G	R	R	F	F	U	J	T	A	X	V	O	Y	I	E
R	N	T	B	P	X	O	Z	N	W	H	W	L	B	T
E	D	U	K	O	L	A	T	I	G	I	D	Q	H	H
P	U	B	L	I	K	O	C	F	P	H	U	S	T	H

SINTENOJ
KOMERCA
KOMUNIKO
RETE
ELDONO
EDUKO
FAKTOJ
FINANCADO
INDIVIDUO
INDUSTRIO
INTELEKTA
GAZETOJ
LOKA
DIGITALO
OPINIO
FOTOJ
PUBLIKO
RADIO
RETO
TELEVIDO

11 - Philanthropie

J	O	N	A	F	N	I	J	D	Y	E	Z	I	E	F
U	F	I	N	A	N	C	O	I	R	O	T	S	I	H
N	K	N	K	O	N	T	A	K	T	O	J	B	F	D
U	J	O	M	A	R	G	O	R	P	Q	J	Q	O	S
L	P	C	M	S	B	J	T	U	T	M	O	N	D	A
O	U	E	O	U	A	H	G	U	R	D	L	M	A	V
C	B	T	R	P	N	V	O	R	J	N	E	Z	R	E
E	L	S	I	U	G	U	Z	M	U	E	C	Z	A	D
R	I	E	D	S	N	B	M	M	A	P	N	O	F	M
A	K	N	X	H	O	F	B	O	E	R	O	Z	N	K
V	O	O	X	D	Q	U	B	L	V	W	O	J	O	U
A	L	H	L	L	Y	N	B	E	N	X	P	Z	B	V
L	N	A	V	J	F	D	K	V	W	F	G	O	M	O
A	J	S	C	K	G	O	A	F	M	I	S	I	O	L
M	M	N	G	I	Z	J	O	M	O	H	U	F	E	J

DEVAS
CELOJ
BONFARADO
KOMUNUMO
KONTAKTOJ
INFANOJ
FINANCO
FUNDOJ
HOMOJ
MALAVARECO
TUTMONDA
GRUPOJ
HISTORIO
HONESTECO
HOMARO
JUNULO
MISIO
PROGRAMOJ
PUBLIKO

12 - Diplomatie

V	M	F	C	Y	J	N	T	Z	Z	N	V	K	D	D
I	W	R	O	I	C	U	L	O	Z	E	R	U	I	H
I	N	O	R	O	D	A	S	A	B	M	A	N	S	R
W	Q	T	A	O	J	B	E	T	P	L	M	L	K	E
M	X	O	E	B	L	C	T	X	E	V	U	A	U	G
K	I	Z	M	G	Z	X	I	S	X	C	Z	B	T	I
T	O	O	C	E	R	U	K	E	S	V	O	O	O	S
K	H	N	C	M	X	E	O	E	M	U	W	R	A	T
O	U	X	F	Y	Z	R	C	M	Z	K	V	O	T	A
O	T	N	A	L	I	S	N	O	K	N	E	F	D	R
A	G	V	T	O	I	K	O	M	U	N	U	M	O	O
U	S	L	U	F	O	K	I	T	I	L	O	P	L	V
M	U	F	E	H	A	I	T	A	M	O	L	P	I	D
A	M	B	A	S	A	D	O	O	F	R	E	M	D	A
H	U	M	A	N	I	T	A	R	O	V	L	O	S	Y

AMBASADO
AMBASADORO
KOMUNUMO
KONFLIKTO
KONSILANTO
KUNLABORO
DIPLOMATIA
DISKUTO
ETIKO
FREMDA
REGISTARO
HUMANITARO
INTEGRECO
JUSTECO
POLITIKO
REZOLUCIO
SEKURECO
SOLVO

13 - Électricité

K	C	H	O	O	R	O	T	A	R	E	N	E	G	G
V	Y	E	N	P	U	E	P	O	C	K	F	Q	M	U
A	O	V	L	F	L	J	T	J	D	I	E	T	X	A
N	W	D	Z	O	G	P	W	O	E	P	Q	E	E	S
T	B	W	Y	K	J	N	M	T	S	A	Q	P	L	W
O	D	A	K	O	T	S	K	A	M	Ĵ	R	C	E	K
B	A	T	E	R	I	O	P	R	Z	O	S	H	K	A
P	O	Z	I	T	I	V	A	D	Z	J	X	B	T	B
L	A	S	E	R	O	V	I	T	A	G	E	N	R	L
M	A	G	N	E	T	O	R	T	K	E	L	E	I	O
U	L	Q	Q	Z	S	Q	P	N	K	P	Z	B	S	B
G	D	O	R	O	T	G	E	M	R	Y	W	R	T	L
I	N	G	O	X	J	T	Z	C	A	D	V	S	O	U
H	Q	T	E	L	E	F	O	N	O	L	J	C	T	B
D	L	Q	Q	T	E	L	E	V	I	D	O	O	Y	R

MAGNETO
BULBO
BATERIO
KABLO
ELEKTRISTO
ELEKTRO
EKIPAĴO
DRATOJ
GENERATORO
LAMPO
LASERO
NEGATIVO
CELOJ
POZITIVA
INGO
KVANTO
RETO
STOKADO
TELEFONO
TELEVIDO

14 - Astronomie

P	M	Z	W	T	U	C	F	Y	Q	F	K	X	B	A
J	L	E	K	L	I	P	S	O	M	S	O	K	F	S
O	Q	A	L	U	B	E	N	T	F	F	G	J	C	T
I	A	N	N	P	O	S	R	E	V	I	N	U	N	R
C	P	U	J	E	W	F	R	K	X	E	I	U	I	O
A	L	S	F	T	D	I	E	A	E	O	B	U	I	N
L	S	U	O	A	V	O	N	R	E	P	U	S	W	O
E	G	T	N	J	U	R	R	A	D	I	A	D	O	M
T	A	G	E	O	L	E	I	Ĉ	D	O	N	H	R	O
S	L	L	A	R	N	T	F	M	V	L	R	X	O	N
N	A	Q	U	T	O	S	K	O	N	I	V	K	E	N
O	K	Y	R	P	W	I	M	H	D	D	U	Z	T	H
K	S	X	G	Z	E	X	D	F	O	I	K	F	E	T
K	I	F	O	T	Ŭ	A	N	O	R	T	S	A	M	I
Y	O	O	B	S	E	R	V	A	T	O	R	I	O	J

ASTEROIDO
ASTRONAŬTO
ASTRONOMO
ĈIELO
KONSTELACIO
KOSMO
EKLIPSO
EKVINOKSO
RAKETO
GALAKSIO
LUNO
METEORO
NEBULA
OBSERVATORIO
PLANEDO
RADIADO
SUNA
SUPERNOVAO
TERO
UNIVERSO

15 - Physique

G	V	F	Y	P	M	E	M	G	S	I	U	Y	B	V
O	S	O	A	K	O	L	A	C	A	C	Y	I	O	I
C	G	K	C	N	L	E	G	N	X	Z	Y	Y	W	D
N	K	K	N	L	E	K	N	X	E	L	O	T	C	A
E	U	H	P	B	K	T	E	F	I	R	Q	U	L	M
V	D	K	M	G	U	R	T	F	O	R	M	U	L	O
K	E	N	L	G	L	O	I	M	C	L	D	O	G	A
E	G	N	K	E	O	N	S	N	O	L	E	C	K	A
R	P	T	N	K	A	O	M	P	Z	T	X	O	N	A
F	R	A	P	I	D	O	O	S	A	M	O	T	N	T
P	A	R	T	I	K	L	O	G	E	H	Y	R	R	O
M	E	K	A	N	I	K	O	C	R	A	P	U	O	M
T	R	E	L	A	T	I	V	E	C	O	N	V	W	O
U	N	I	V	E	R	S	A	L	A	D	E	N	S	O
G	R	A	V	I	T	O	Q	K	E	M	I	K	O	B

AKCELO
ATOMO
KAOSO
KEMIKO
DENSO
ELEKTRONO
FORMULO
FREKVENCO
GAZO
GRAVITO
MAGNETISMO
MASO
MEKANIKO
MOLEKULO
MOTORO
NUKLEA
PARTIKLO
RELATIVECO
UNIVERSALA
RAPIDO

16 - Types de Cheveux

I	A	D	B	A	R	R	B	B	I	S	H	Z	B	X
A	N	I	B	L	D	W	S	U	Z	N	B	A	L	K
O	L	K	F	W	O	A	O	K	S	A	N	T	O	A
J	I	A	T	R	K	N	P	L	P	W	U	U	N	L
V	F	A	L	I	R	B	D	A	R	W	F	G	G	V
R	J	D	R	A	V	A	K	A	N	U	R	B	A	A
M	O	L	A	Ĝ	S	V	I	N	I	G	R	A	B	B
D	Ĵ	Y	K	F	E	E	B	A	H	Q	H	G	R	R
L	A	N	I	X	E	N	K	S	O	N	N	N	T	A
H	T	W	D	D	X	B	T	A	V	L	D	O	D	I
H	K	D	L	A	I	K	R	O	W	Q	S	L	G	D
G	E	G	A	B	L	A	N	K	A	K	E	L	R	E
F	L	U	M	D	K	H	P	G	M	E	A	A	I	D
G	P	K	E	I	H	C	A	E	O	V	U	M	Z	A
B	U	K	L	O	J	A	R	O	L	O	K	L	A	Z

ARĜENTO
BLANKA
BLONDA
BUKLOJ
BRILA
KALVA
KOLORAJ
MALLONGA
MOLA
DIKA
BUKLA
GRIZA
LONGA
BRUNA
MALDIKA
NIGRA
SANA
SEKA
PLEKTAĴOJ
BRAIDED

17 - Archéologie

J	O	T	N	E	M	G	A	R	F	U	R	F	C	G
S	U	F	X	Z	S	T	O	M	B	O	E	O	I	S
T	E	A	M	O	W	P	F	Z	X	L	S	S	V	X
O	U	Z	Q	U	G	F	L	J	T	B	T	I	I	O
E	J	T	L	X	Z	O	K	O	P	E	A	L	L	N
T	E	M	P	L	O	R	X	T	R	W	Ĵ	O	I	E
X	D	J	I	R	S	G	G	S	E	I	A	A	Z	K
J	F	O	R	O	S	E	F	O	R	P	S	N	O	O
A	O	L	U	E	T	S	O	P	J	V	R	T	K	N
R	Y	E	Y	O	Z	I	L	A	N	A	B	Z	O	A
O	Y	C	P	C	H	T	S	P	E	R	T	A	D	T
J	T	A	K	S	O	A	M	I	S	T	E	R	O	A
A	L	U	J	X	R	E	Y	W	T	L	Y	J	R	D
P	S	F	Q	H	N	P	P	Z	V	L	V	Y	T	Y
C	G	K	Q	I	X	O	V	N	J	N	U	P	K	X

ANALIZO
JAROJ
ESPLORISTO
CIVILIZO
POSTEULO
SPERTA
EPOKO
TEAMO
TAKSO
FOSILO
FRAGMENTOJ
NEKONATA
MISTERO
CELOJ
OSTOJ
FORGESITA
PROFESORO
RESTAĴA
TEMPLO
TOMBO

18 - Mammifères

X	N	I	F	M	N	D	V	K	F	M	N	D	Y	E
D	E	L	F	E	N	O	I	O	F	A	Ŝ	T	U	L
B	A	D	F	S	G	R	R	J	L	W	N	E	S	E
M	U	U	T	X	G	G	B	O	X	E	F	X	Y	F
K	S	P	Z	D	O	I	O	T	P	O	O	W	Y	A
G	U	U	X	D	R	T	V	O	S	R	U	N	F	N
V	M	N	E	O	I	M	O	K	A	T	O	I	O	T
B	O	Y	I	U	L	J	P	T	U	I	P	K	W	O
C	A	S	F	K	O	B	U	R	Q	U	L	H	W	R
L	B	L	C	B	L	Z	L	O	Y	D	U	N	S	B
Y	E	W	E	Y	P	O	M	U	P	A	V	N	I	E
K	S	Q	M	N	E	A	Ĝ	I	R	A	F	O	M	Z
L	Q	X	T	Y	O	F	B	P	O	L	G	X	I	J
Ĉ	E	V	A	L	O	H	U	N	D	O	T	T	O	L
S	K	C	X	Q	K	A	N	G	U	R	U	O	D	T

BALENO
KATO
ĈEVALO
HUNDO
KOJOTO
DELFENO
ELEFANTO
ĜIRAFO
GORILO
KANGURUO
KUNIKLO
LEONO
LUPO
ŜAFO
URSO
VULPO
SIMIO
VIRBOVO
TIGRO
ZEBRO

19 - Mathématiques

C	F	R	E	C	T	A	N	G	U	L	O	D	P	A
I	S	R	T	R	I	A	N	G	U	L	O	I	A	R
R	U	O	A	R	M	C	G	V	E	K	L	A	R	I
K	M	A	L	K	U	W	M	J	K	V	E	M	A	T
O	O	L	U	D	C	R	A	A	V	A	L	E	L	M
N	T	U	R	T	E	I	M	U	A	D	A	T	E	E
F	N	K	C	D	Z	C	O	I	C	R	R	R	L	T
E	E	I	A	J	L	D	I	F	I	A	A	O	O	I
R	N	D	R	L	Z	D	M	M	O	T	P	N	G	K
E	O	N	J	O	L	U	G	N	A	O	L	O	R	O
N	P	E	R	I	M	E	T	R	O	L	X	G	A	O
C	S	P	V	O	L	U	M	O	G	U	A	I	M	G
O	K	R	G	E	O	M	E	T	R	I	O	L	O	U
R	E	E	S	E	G	L	Q	M	D	B	N	O	E	Q
S	O	P	S	I	M	E	T	R	I	O	O	P	J	D

ANGULOJ
ARITMETIKO
KVADRATO
CIRKONFERENCO
DECIMALA
DIAMETRO
EKSPONENTO
EKVACIO
FRAKCIO
GEOMETRIO
PARALELO
PARALELOGRAMO
PERPENDIKULA
PERIMETRO
POLIGONO
RECTANGULO
SUMO
SIMETRIO
TRIANGULO
VOLUMO

20 - Mythologie

G	O	V	F	K	D	T	S	K	V	R	E	L	M	D
V	Q	V	B	O	O	R	E	H	E	K	G	E	A	T
L	S	V	D	K	R	N	M	N	N	Z	S	G	R	O
Ĵ	A	L	U	Z	O	T	D	U	Ĝ	P	M	E	K	N
I	O	M	N	P	M	L	O	U	O	C	A	N	E	D
V	T	I	Z	H	L	Y	V	I	T	X	G	D	T	R
C	N	L	J	K	U	O	I	Q	B	O	I	O	I	O
Y	I	I	P	P	F	Y	S	W	R	E	A	B	P	R
S	R	T	K	R	E	D	O	J	L	R	S	H	O	U
H	I	O	M	O	N	S	T	R	O	K	P	T	U	T
O	B	R	N	Y	H	S	Y	M	O	R	T	A	O	L
K	A	T	A	S	T	R	O	F	O	Z	U	Y	I	U
J	L	J	X	Y	X	A	V	E	H	H	H	Q	E	K
P	G	V	R	M	V	A	T	F	B	F	Z	E	V	M
U	K	I	E	G	S	E	N	M	O	R	T	E	C	O

ARKETIPO
KATASTROFO
KONDUTO
KREO
BESTO
KREDOJ
KULTURO
FULMO
FORTO
MILITO
HEROO
SENMORTECO
ĴALUZO
LABIRINTO
LEGENDO
MAGIA
MONSTRO
MORTA
TONDRO
VENĜO

21 - Restaurant #2

C	L	Q	Z	G	M	K	H	Z	A	S	N	B	R	U
G	L	A	C	I	O	L	U	I	V	A	Q	O	W	P
I	Q	I	A	P	Ĝ	E	O	L	I	L	S	N	L	M
R	Y	I	K	N	N	G	Q	H	E	O	B	A	L	Z
V	T	A	V	K	A	O	K	U	K	R	O	J	K	Y
N	O	X	O	E	M	M	Ŝ	J	X	S	O	V	J	B
V	R	Y	Ĵ	L	R	O	N	I	T	P	K	S	O	Q
R	O	I	A	N	E	J	E	Q	F	W	R	G	S	J
N	L	G	K	E	P	S	E	Ĝ	O	R	O	D	Z	X
P	T	T	N	R	S	Z	N	M	P	H	F	W	Y	B
S	S	G	I	O	E	T	A	G	M	A	N	Ĝ	O	U
G	U	B	R	I	V	F	R	U	K	T	O	W	H	S
Z	P	Y	T	H	S	A	L	A	T	O	W	D	L	I
V	O	E	K	K	D	U	P	S	P	E	C	O	J	N
C	A	Z	U	F	X	M	E	N	E	E	Q	N	G	Y

TRINKAĴO
SEĜO
KULERO
TAGMANĜO
BONAJ
VESPERMANĜO
AKVO
SPECOJ
FORKO
FRUKTO
KUKO
GLACIO
LEGOMOJ
OVOJ
FIŜO
SALATO
SALO
KELNERO
SUPO

22 - Beauté

S	P	E	G	U	L	O	U	Y	T	E	C	P	Y	E
S	E	R	V	O	J	L	U	I	Y	L	P	A	E	Z
L	O	E	E	U	Y	I	N	P	P	E	H	R	M	E
U	D	H	W	P	H	D	Z	Z	M	G	G	F	T	Y
F	O	T	O	G	É	N	I	C	O	A	K	U	U	T
K	R	M	H	Q	D	O	G	Q	L	N	Ŝ	M	A	C
O	O	S	R	A	L	T	L	X	W	T	N	O	B	P
N	L	T	U	A	T	P	A	T	C	E	S	I	U	R
S	O	I	B	W	Ĉ	O	T	A	X	C	E	J	K	O
I	K	L	B	M	W	P	A	R	N	O	I	Z	L	D
S	F	I	S	E	L	E	G	A	N	T	A	B	O	U
T	E	S	Z	C	T	U	F	C	N	W	H	E	J	T
O	F	T	J	A	U	R	F	S	A	S	J	T	F	O
N	Q	O	E	R	V	P	C	A	W	A	K	S	I	J
X	N	C	P	G	K	O	S	M	E	T	I	K	O	J

BUKLOJ
ĈARMO
TONDILO
KOSMETIKOJ
KOLORO
ELEGANTECO
ELEGANTA
GRACE
GLATA

KONSISTO
MASCARA
SPEGULO
PARFUMO
FOTOGÉNICO
PRODUTOJ
SERVOJ
ŜAMPUO
STILISTO

23 - Avions

H	E	I	A	P	I	L	O	T	O	F	H	B	K	A
I	I	F	M	V	F	U	E	L	O	W	I	A	O	T
R	P	D	Q	Y	E	J	Y	X	P	J	S	L	N	M
B	P	S	R	A	R	N	E	W	I	Z	T	O	S	O
Ŝ	T	Z	X	O	I	O	T	S	K	M	O	N	T	S
V	Z	O	F	T	G	C	Z	U	S	Y	R	O	R	F
E	Ĉ	Ĝ	C	L	G	E	N	S	R	R	I	A	U	E
L	B	I	V	A	E	L	N	I	P	O	O	L	O	R
I	O	R	E	Y	A	U	T	O	G	N	R	T	R	O
G	B	E	Y	L	S	B	B	T	O	E	O	E	E	F
A	H	T	C	N	O	R	M	K	D	V	T	C	Ĝ	G
S	A	R	N	C	A	U	H	E	M	E	O	O	A	T
L	E	U	L	V	E	T	K	R	T	D	M	Q	S	X
C	R	S	K	D	J	E	B	I	Z	R	W	F	A	K
H	O	J	N	U	M	Q	O	D	I	K	H	Q	P	I

AERO
ALTECO
ATMOSFERO
SURTERIĜO
AVENTURO
BALONO
FUELO
ĈIELO
KONSTRUO
DEVENO
DIREKTO
SKIPO
ŜVELIGAS
ALTO
HISTORIO
HIDROGENO
MOTORO
PASAĜERO
PILOTO
TURBULECO

24 - Aventure

D	I	F	I	C	U	L	T	O	Q	M	A	K	P	V
E	N	T	U	Z	I	A	S	M	O	D	D	T	C	J
S	E	K	U	R	E	C	O	I	T	I	N	E	R	O
Ĝ	O	J	O	R	A	P	E	R	P	T	K	E	R	Q
R	Z	E	W	O	X	Z	E	K	S	K	U	R	S	O
J	K	S	O	I	M	D	D	Z	O	G	Q	R	Y	V
Ŝ	A	N	C	O	C	E	L	E	B	T	Y	S	L	A
A	R	E	Ĝ	N	A	D	V	O	J	A	Ĝ	O	J	R
D	K	B	R	U	E	U	H	N	J	Z	P	C	Z	B
N	E	T	R	Y	I	G	R	O	R	U	T	A	N	A
Y	X	S	I	C	W	B	Y	V	B	Z	D	E	A	K
D	Y	R	T	V	O	O	D	A	G	I	V	A	N	F
U	D	O	G	I	E	N	E	K	U	T	I	M	A	Y
Z	N	H	T	P	N	C	A	M	I	K	O	J	M	H
Z	X	Z	M	K	A	O	O	H	U	Z	S	J	R	P

AKTIVECO
AMIKOJ
BELECO
BRAVO
ŜANCO
DANĜERA
DESTINO
DIFICULTO
ENTUZIASMO
EKSKURSO
NEKUTIMA
ITINERO
ĜOJO
NATURO
NAVIGADO
NOVA
PREPARO
SEKURECO
VOJAĜOJ

25 - Ville

B	O	T	S	I	R	O	L	F	L	V	C	F	J	W
S	I	L	T	J	P	E	D	O	N	U	A	L	F	A
U	C	Q	E	L	B	G	X	C	R	I	B	U	V	S
P	A	N	O	T	A	K	R	E	M	G	K	G	X	L
E	R	O	V	S	O	K	E	T	O	P	A	H	L	O
R	O	E	Z	U	M	H	N	A	J	F	W	A	M	Q
B	T	E	A	T	R	O	I	D	A	T	S	V	A	M
A	S	O	E	K	O	J	E	N	R	E	L	E	F	Z
Z	E	V	J	O	R	E	L	A	G	X	A	N	H	X
A	R	D	S	E	T	K	B	Z	B	U	E	O	W	I
R	J	G	A	C	R	A	O	W	S	A	L	N	L	E
O	Z	O	O	I	W	B	H	O	K	I	N	I	L	K
U	N	I	V	E	R	S	I	T	A	T	O	K	R	T
N	W	O	K	E	T	O	I	L	B	I	B	G	O	B
Y	X	Q	P	R	O	N	W	V	P	E	I	D	Q	O

FLUGHAVENO
BANKO
BIBLIOTEKO
BAKEJO
KINO
KLINIKO
LERNEJO
FLORISTO
GALERO
HOTELO
LIBREJO
MERKATO
MUZEO
APOTEKO
RESTORACIO
STADIO
SUPERBAZARO
TEATRO
UNIVERSITATO
ZOO

26 - Ingénierie

S	M	D	S	T	R	U	K	T	U	R	O	W	D	D
T	A	I	D	I	J	O	M	B	W	N	O	U	I	I
A	Ŝ	A	E	R	Q	P	E	C	P	O	F	R	A	S
B	I	M	F	J	R	S	M	N	E	W	T	K	G	T
I	N	E	I	O	N	O	W	Z	E	W	L	G	R	R
L	O	T	W	R	R	L	T	Y	Y	R	E	Z	A	I
E	D	R	Q	A	E	T	G	A	O	X	G	W	M	B
C	A	O	N	L	R	L	O	O	C	S	Y	I	O	U
O	R	D	K	I	G	F	R	U	L	I	Y	H	O	O
L	U	N	R	I	E	M	O	R	E	C	O	N	L	U
U	Z	U	A	J	D	Z	T	T	V	J	F	N	U	G
K	E	F	D	U	R	P	O	S	I	C	A	V	G	D
L	M	O	A	Z	F	R	M	N	L	P	K	B	N	C
A	K	R	D	E	Z	E	L	O	O	O	S	K	A	B
K	T	P	L	I	K	V	A	K	J	V	Z	S	Z	F

ANGULO
AKSO
KALKULO
KONSTRUO
DIAGRAMO
DIAMETRO
DEZELO
DISTRIBUO
ILAROJ
ENERGIO
FORTO
LEVILOJ
LIKVA
MAŜINO
MEZURADO
MOTORO
PROFUNDO
ROTACIO
STABILECO
STRUKTURO

27 - Énergie

W	X	Y	M	V	D	F	O	T	O	N	O	E	D	E
P	V	W	I	A	E	R	N	U	R	D	P	C	D	S
Z	O	T	I	R	Z	L	C	J	T	M	E	D	I	O
G	R	L	F	M	E	E	L	E	K	T	R	O	N	O
R	O	H	U	O	L	N	Y	Y	E	Y	S	U	N	O
E	T	I	B	O	O	U	E	M	L	M	E	W	M	N
N	O	D	A	N	L	K	N	N	E	Z	K	N	P	I
O	M	R	T	O	E	L	N	I	T	O	L	Q	I	Z
V	M	O	E	B	U	E	D	O	D	R	U	X	U	N
I	V	G	R	R	F	A	N	F	Q	O	O	L	U	E
G	E	E	I	A	T	U	R	B	I	N	O	P	B	B
E	N	N	O	K	L	M	O	O	J	G	O	D	I	Q
B	T	O	I	R	T	S	U	D	N	I	K	H	E	O
L	O	K	T	M	Q	H	A	O	D	C	E	P	F	R
A	P	K	X	U	R	A	I	L	F	Q	X	X	A	I

BATERIO
KARBONO
FUELO
VARMO
DEZELO
ENTROPIO
MEDIO
BENZINO
ELEKTRO
ELEKTRONO
HIDROGENO
INDUSTRIO
MOTORO
NUKLEA
FOTONO
POLUO
RENOVIGEBLA
SUNO
TURBINO
VENTO

28 - Cuisine

K	W	F	U	G	M	G	A	B	D	L	K	S	E	Y
I	U	Q	O	T	C	Q	R	P	X	L	R	B	W	B
O	L	L	R	A	M	F	R	O	S	T	U	J	O	S
G	R	K	E	O	N	O	R	D	L	A	K	D	H	U
N	R	O	T	R	X	T	C	E	E	E	H	U	W	E
O	E	I	K	P	O	P	A	F	O	R	K	O	J	T
P	C	J	L	H	D	J	G	Ŭ	B	E	S	Z	O	R
S	S	C	T	O	X	V	K	T	T	N	E	A	C	A
Ĉ	E	R	P	I	L	O	R	A	I	U	O	V	E	N
R	E	C	E	P	T	O	U	S	J	M	K	N	P	Ĉ
F	R	I	D	U	J	O	Ĉ	O	F	A	U	O	S	I
Q	A	D	B	O	D	G	O	J	Z	N	T	L	K	L
C	H	O	P	S	T	I	C	K	S	Ĝ	Ŝ	V	Z	O
F	O	R	N	O	B	J	P	X	X	O	U	O	R	J
W	E	A	I	L	T	D	I	Q	T	N	B	B	A	J

CHOPSTICKS
BOVLO
KALDRONO
FROSTUJO
TRANĈILOJ
KRUĈO
KULEROJ
SPECOJ
SPONGO
FORNO
FORKOJ
GRILO
ĈERPILO
MANĜO
VAZO
RECEPTO
FRIDUJO
BUŜTUKO
ANTAŬTUKO
TASOJ

29 - Corps Humain

U	N	D	V	D	Z	K	H	S	X	N	S	X	X	E
O	N	M	P	W	N	L	M	P	J	F	T	O	Z	K
S	R	Q	S	E	W	A	Q	K	S	F	R	Ĝ	Q	O
W	T	D	E	O	E	A	O	L	O	E	L	A	M	L
Q	B	G	I	J	K	F	P	E	Y	Z	X	Z	B	O
O	R	E	L	O	O	K	A	M	O	T	S	I	L	H
G	G	O	T	P	R	C	K	X	Ŝ	L	J	V	Y	M
N	X	C	O	I	O	C	P	U	U	Y	I	Q	D	A
A	M	H	Z	L	F	K	U	C	B	N	T	Z	M	K
S	Q	E	A	Ŝ	U	L	T	R	O	U	Z	X	A	Z
I	Q	A	N	T	E	T	O	T	S	Z	T	S	N	E
X	X	J	F	T	O	U	N	E	G	Z	N	O	O	L
V	B	R	T	E	O	R	G	N	I	F	M	C	F	O
E	Z	D	U	J	P	N	R	T	M	A	R	J	Y	L
I	W	J	E	N	C	J	O	B	R	E	C	S	F	H

BUŜO
CERBO
MALEOLO
KOLO
KUBUTO
KORO
FINGRO
STOMAKO
ŜULTRO
GENUO
LIPOJ
MANO
MAKZELO
MENTONO
NAZO
ORELO
SANGO
KAPO
VIZAĜO

30 - Biologie

A	Ĉ	F	O	F	A	X	K	A	N	Z	O	N	W	E
C	N	E	S	P	A	N	Y	S	I	U	I	X	A	V
O	E	H	L	U	R	N	U	E	C	L	L	I	K	O
L	R	K	R	O	Z	A	T	K	E	U	I	L	J	L
L	V	S	O	Z	E	T	N	I	S	O	T	O	F	U
A	O	X	J	U	A	U	O	I	A	K	P	X	H	O
G	J	G	A	K	Q	R	D	E	A	Q	E	Z	X	O
E	O	O	B	Y	I	A	H	O	N	O	R	U	E	N
N	I	Z	R	W	D	C	W	O	O	Z	P	W	O	E
P	R	O	T	E	I	N	O	L	R	O	I	S	A	M
R	E	I	M	U	T	A	T	I	O	M	M	M	U	B
E	T	B	M	A	M	U	L	O	O	S	O	V	O	R
V	K	M	Z	O	U	K	U	H	B	O	K	N	C	I
L	A	I	B	K	R	O	M	O	S	O	M	O	O	O
E	B	S	A	N	A	T	O	M	I	O	W	W	U	Y

ANATOMIO
BAKTERIOJ
ĈELO
KROMOSOMO
COLLAGEN
EMBRIO
ENZIMO
EVOLUO
HORMONO
MAMULO
MUTATIO
NATURA
NERVO
NEURONO
OSMOZO
FOTOSINTEZO
PROTEINO
REPTILIO
SIMBIOZO
SYNAPSE

31 - Épices

S	R	V	N	R	X	O	O	T	G	F	O	K	S	J
P	A	O	X	L	T	B	I	S	G	E	B	O	G	P
S	R	L	N	U	T	M	E	G	U	P	H	R	M	M
M	A	I	O	L	O	K	N	E	F	I	C	I	H	W
S	M	N	L	T	M	S	B	H	Y	P	E	A	S	S
K	A	A	J	Q	A	H	G	C	N	R	P	N	Y	F
Q	Z	V	A	A	N	V	L	H	U	O	O	D	Q	F
C	O	U	G	C	I	Y	I	I	Y	T	R	R	L	E
I	A	M	B	I	C	Z	K	J	V	S	X	O	C	H
U	A	R	L	D	O	K	O	R	G	U	N	E	F	C
A	Y	M	D	A	N	O	R	B	I	G	N	I	Z	O
H	N	H	H	A	I	G	I	C	U	R	R	Y	O	P
U	W	I	V	H	M	O	C	K	W	B	H	E	U	Z
S	Z	F	Z	I	U	O	O	N	A	R	F	A	S	K
Z	W	Y	Q	O	K	A	M	Q	W	A	J	C	L	N

ACIDA
AJLO
AMARA
ANIZO
CINAMO
CARDAMOM
KORIANDRO
KUMINO
CURRY
FENKOLO
FENUGROKO
ZINGIBRO
NUTMEG
CEPO
PIPRO
GLIKORICO
SAFRANO
GUSTO
SALO
VANILO

32 - Agronomie

U	T	A	P	S	I	S	O	O	D	S	J	N	L	R
N	V	P	W	X	T	D	O	R	O	E	N	D	A	W
N	L	Q	W	M	U	U	E	P	F	M	O	U	R	U
Z	E	I	X	A	W	F	D	N	L	O	Ĝ	N	A	M
I	G	E	A	J	V	S	Y	O	T	J	N	F	P	G
E	O	R	Y	I	P	M	Y	K	V	I	S	P	M	Z
N	M	H	Y	Z	O	K	S	E	R	K	G	Q	A	A
E	O	R	U	T	L	U	K	I	R	G	A	O	K	J
R	J	E	T	F	U	E	S	P	L	O	R	A	D	O
G	A	S	Y	W	O	E	K	O	L	O	G	I	O	N
I	S	P	R	O	D	U	K	T	A	D	O	X	I	A
O	V	I	N	A	K	V	O	U	I	O	A	I	Z	S
J	O	M	E	T	S	I	S	C	I	E	N	C	O	L
S	T	E	R	K	O	H	W	K	U	O	W	X	R	A
T	S	N	D	Z	H	C	M	E	D	I	O	U	E	M

AGRIKULTURO
KRESKO
AKVO
STERKO
MEDIO
EKOLOGIO
ENERGIO
EROZIO
STUDO
SEMOJ

IDENTIGO
LEGOMOJ
MALSANOJ
MANĜO
POLUO
PRODUKTADO
ESPLORADO
KAMPARA
SCIENCO
SISTEMOJ

33 - Science

R	J	F	V	U	V	V	U	K	E	R	O	J	P	M
F	O	S	I	L	O	F	R	B	E	A	C	P	J	I
E	L	S	C	T	P	S	I	S	W	M	M	H	P	N
V	U	F	U	O	Z	X	M	Z	Y	N	I	J	U	E
O	K	T	A	F	E	M	E	O	I	K	H	K	O	R
L	E	F	D	K	O	R	T	R	D	K	P	S	O	A
U	L	S	G	K	T	K	O	G	T	G	O	C	M	L
O	O	G	Q	A	A	O	D	A	H	R	R	I	U	O
J	M	Z	A	S	M	P	O	N	A	A	U	E	T	J
A	T	O	M	O	I	Y	U	I	J	V	T	N	A	G
V	C	P	V	A	L	N	C	S	V	I	A	C	D	C
O	V	D	R	T	K	E	Y	M	B	T	N	I	E	S
O	B	S	E	R	V	O	B	O	C	O	N	S	R	P
P	L	A	B	O	R	A	T	O	R	I	O	T	B	V
H	I	P	O	T	E	Z	O	B	R	H	U	O	V	X

ATOMO
KEMIKO
KLIMATO
DATUMO
EVOLUO
FAKTO
FOSILO
GRAVITO
HIPOTEZO
LABORATORIO
METODO
MINERALOJ
MOLEKULOJ
NATURO
OBSERVO
ORGANISMO
EROJ
FIZIKO
SCIENCISTO

34 - Vêtements

M	C	B	A	Z	M	B	R	A	C	E	L	E	T	O
J	A	K	O	O	S	A	R	D	H	H	X	T	R	P
K	J	K	H	N	Z	A	N	Y	J	R	U	F	L	U
Z	B	M	I	O	T	I	N	T	G	A	N	T	O	J
L	M	A	A	D	M	H	T	D	E	N	B	W	P	S
V	E	S	T	O	Z	U	L	B	A	L	I	J	I	E
Ŝ	I	H	D	M	O	O	R	E	I	L	O	K	Ĵ	V
J	U	K	B	O	K	K	H	L	S	J	O	N	A	E
U	S	O	I	Z	M	U	A	P	D	C	L	J	M	T
V	G	E	M	K	M	T	L	G	Q	Ĉ	U	J	O	E
E	A	Q	D	W	O	Ŭ	S	O	R	A	K	G	G	R
L	H	O	N	O	L	A	T	N	A	P	S	A	N	Q
O	S	R	S	S	S	T	O	X	B	E	D	Z	O	M
J	L	Y	E	P	I	N	L	T	O	L	P	B	V	D
Ĉ	E	M	I	Z	O	A	M	U	R	O	W	N	Y	J

JUVELOJ
BRACELETO
ZONO
ĈAPELO
ŜUO
ĈEMIZO
BLUZO
KOLIERO
SKULO
GANTOJ
JUPO
MANTELO
MODO
PANTALONO
SEVETER
PIĴAMO
VESTO
SANDALOJ
ANTAŬTUKO
JAKO

35 - Arts Visuels

Q	C	H	Y	Q	G	L	I	E	P	C	B	W	R	W
N	O	E	I	O	V	I	T	K	E	P	S	R	E	P
K	L	M	A	L	F	U	H	T	N	M	X	M	X	Q
P	L	U	M	O	K	D	D	A	T	Q	Z	O	A	O
I	B	O	N	O	J	A	R	K	R	W	D	J	V	Ĵ
E	S	T	A	B	L	O	R	O	O	L	I	G	R	A
A	M	E	Q	S	X	F	P	B	C	Ŝ	Ĉ	A	C	T
P	O	R	T	R	E	T	O	Y	O	A	E	R	E	P
Q	S	K	F	P	K	C	J	I	P	B	F	T	R	L
E	K	O	Z	I	U	R	Z	P	T	L	V	I	A	U
W	A	D	J	Y	L	T	E	W	X	O	E	S	M	K
R	V	L	I	U	T	M	Z	A	L	N	R	T	I	S
G	L	A	Z	U	R	O	O	R	V	A	K	O	K	I
K	O	M	P	O	N	A	D	O	F	O	O	O	O	D
A	R	K	I	T	E	K	T	U	R	O	T	R	A	D

ARKITEKTURO
ARGILO
ARTISTO
CERAMIKO
KARBO
ĈEFVERKO
ESTABLO
VAKSO
KOMPONADO
KRETO
KRAJONO
KREAVO
FILMO
PENTRO
PERSPEKTIVO
ŜABLONA
PORTRETO
SKULPTAĴO
PLUMO
GLAZURO

36 - Méditation

T	I	O	T	N	E	L	I	S	A	L	H	C	F	O
G	R	T	C	Q	T	D	Q	W	S	I	E	D	P	O
A	R	A	M	R	O	D	L	A	M	D	M	H	W	T
M	N	P	N	M	U	Z	I	K	O	N	O	C	A	P
H	C	M	S	K	M	O	V	A	D	O	C	T	K	E
J	Q	O	P	A	V	H	A	D	A	K	I	K	L	C
T	K	K	Q	B	E	I	B	O	G	N	O	G	A	K
O	B	S	E	R	V	O	L	N	N	A	J	L	R	A
D	T	W	X	G	J	R	L	E	O	D	J	T	E	V
A	P	E	R	S	P	E	K	T	I	V	O	A	C	R
R	M	M	M	E	N	S	O	N	O	F	M	T	O	F
I	S	E	A	R	D	I	W	I	D	I	I	E	O	R
P	Q	R	N	L	L	V	B	S	G	J	T	N	L	L
S	V	G	O	T	T	J	V	B	O	R	U	T	A	N
C	X	P	G	Z	A	M	E	R	B	V	K	U	O	V

AKCEPTO
ATENTU
TRANKVILE
KLARECO
KOMPATO
MENSO
EMOCIOJ
MALDORMA
DANKON
KUTIMOJ
MENTA
MOVADO
MUZIKO
NATURO
OBSERVO
PACO
PERSPEKTIVO
SINTENO
SPIRADO
SILENTO

37 - Littérature

F	R	H	S	R	N	V	S	H	B	F	T	A	A	P
I	M	K	K	T	K	L	R	G	J	V	B	U	P	R
K	K	E	G	O	I	D	E	G	A	R	T	C	O	I
C	I	O	M	I	R	L	W	Z	E	D	Y	B	E	S
I	J	Y	T	D	W	S	O	N	A	M	O	R	M	K
O	S	B	W	N	M	E	T	A	F	O	R	O	O	R
B	I	O	G	R	A	F	I	O	R	O	T	Ŭ	A	I
M	P	Y	L	X	V	T	J	Q	A	M	N	V	I	B
A	N	A	L	I	Z	O	N	A	F	T	S	M	Z	O
A	N	E	K	D	O	T	O	O	U	I	T	R	E	G
K	O	M	P	A	R	O	M	S	K	R	H	Z	O	O
X	G	I	T	S	F	I	G	S	B	A	W	Z	P	L
C	N	H	I	E	P	Z	T	P	Q	B	R	Y	V	A
Y	V	Z	R	W	M	A	N	A	L	O	G	I	O	I
H	E	O	A	I	G	O	D	U	L	K	N	O	K	D

ANALOGIO
ANALIZO
ANEKDOTO
AŬTORO
BIOGRAFIO
KOMPARO
KONKLUDO
PRISKRIBO
DIALOGO
FIKCIO
METAFORO
RAKONTANTO
POEMO
POEZIA
RIMO
ROMANO
RITMO
STILO
TEMO
TRAGEDIO

38 - Nourriture #1

S	H	L	T	I	N	U	S	O	L	I	Z	A	B	K
U	Q	A	L	S	P	I	N	A	C	O	D	L	L	K
P	B	K	D	Z	D	J	J	E	O	M	Q	F	E	A
O	Z	T	L	X	D	W	D	D	N	G	L	P	U	F
Y	T	O	T	F	C	F	Q	C	I	N	A	M	O	O
K	G	M	W	L	P	G	Q	D	Y	I	F	P	N	L
X	L	P	S	W	G	A	S	A	L	O	O	K	O	Q
N	Q	I	U	B	D	R	M	O	M	O	P	A	R	G
A	X	Q	K	J	F	P	N	E	S	D	C	R	T	Z
O	U	A	E	U	J	K	I	D	Q	N	Z	O	I	K
M	R	P	R	P	J	S	T	R	N	A	R	T	C	H
Y	E	E	O	F	W	C	I	O	O	I	J	O	S	P
F	R	A	G	O	I	O	O	H	K	V	Y	L	S	X
B	Y	W	Y	R	K	B	P	U	U	Q	Q	K	O	M
N	O	C	E	P	O	U	E	X	S	A	L	A	T	O

AJLO
BAZILO
KAFO
CINAMO
KAROTO
CITRONO
SPINACO
FRAGO
SUKO
LAKTO
RAPO
CEPO
HORDEO
PIRO
SALATO
SALO
SUPO
SUKERO
TINUSO
VIANDO

39 - Jours et Mois

K	I	F	L	J	E	B	X	R	H	I	Ĵ	O	O	L
J	O	R	A	U	R	B	E	F	D	I	A	N	U	J
J	U	I	N	N	L	M	J	T	I	M	Ŭ	O	G	E
O	K	L	F	I	H	O	M	M	M	S	D	V	I	A
L	S	A	I	O	P	N	X	E	A	E	O	E	D	Z
W	K	J	H	O	V	A	H	K	N	P	D	M	I	Q
M	A	R	D	O	Z	T	J	B	Ĉ	T	E	B	P	N
M	W	S	X	M	Y	O	G	O	O	E	R	R	O	L
A	K	A	L	E	N	D	A	R	O	M	D	O	L	D
R	S	A	B	A	T	O	S	B	N	B	N	V	U	O
T	Q	A	Ŭ	G	U	S	T	O	J	R	E	U	N	D
O	L	I	R	P	A	W	G	T	A	O	V	W	D	Q
H	P	K	W	H	K	R	A	K	M	M	H	G	O	Y
J	A	N	U	A	R	O	U	O	E	M	N	Z	N	S
M	E	R	K	R	E	D	O	U	S	O	S	R	O	S

AŬGUSTO
APRILO
KALENDARO
DIMANĈO
FEBRUARO
JANUARO
ĴAŬDO
JULIO
JUNIO
LUNDO
MARDO
MARTO
MERKREDO
MONATO
NOVEMBRO
OKTOBRO
SABATO
SEMAJNO
SEPTEMBRO
VENDREDO

40 - Jardinage

W	F	D	R	K	P	B	Y	L	N	S	H	K	S	C
P	Z	L	L	M	D	B	C	S	Q	E	O	Q	S	E
D	C	Q	O	I	E	H	B	G	U	Z	C	N	G	Q
K	R	T	Y	R	S	O	V	X	J	O	I	L	O	F
I	K	H	B	Z	O	S	V	R	F	N	X	A	I	W
S	L	U	F	W	T	O	R	N	U	A	R	O	L	F
E	I	M	U	L	M	L	E	L	O	K	X	D	O	R
M	M	I	Q	O	Ĵ	A	R	U	P	L	A	M	F	R
O	A	D	N	O	V	T	N	S	P	E	C	I	O	H
J	T	O	O	I	I	O	P	Ĝ	T	R	P	T	J	F
D	O	B	B	H	O	Z	E	V	E	R	G	L	T	M
C	J	J	P	K	Y	K	M	G	J	B	U	T	F	S
B	U	K	E	D	O	E	Z	S	G	Q	L	L	D	S
B	O	T	A	N	I	K	O	Y	Z	F	I	A	O	L
A	K	V	O	U	J	O	T	S	O	P	M	O	K	C

BOTANIKO
BUKEDO
KLIMATO
MANĜEBLA
KOMPOSTO
AKVO
SPECIO
EKZOTA
FOLIOJ
FOLIO
FLORO
FLORA
SEMOJ
HUMIDO
UJO
SEZONA
MALPURAĴO
TRULO
HOSO

41 - Entreprise

F	P	U	C	U	H	Y	B	S	T	A	C	V	J	Y
O	I	R	R	A	B	A	T	O	R	A	V	E	T	N
F	B	N	O	G	M	M	V	R	Z	H	K	N	Y	K
I	V	J	A	F	W	K	W	E	R	E	O	D	J	O
C	P	O	Y	N	I	K	Y	I	I	W	P	O	L	S
E	P	T	O	Y	C	T	K	R	N	F	P	S	V	T
J	W	S	B	E	W	O	O	A	M	R	Y	B	N	O
O	I	O	I	M	O	N	O	K	E	E	V	U	B	E
J	K	P	M	Z	Q	O	T	E	Ĝ	U	B	T	U	O
U	F	M	M	N	R	M	Q	W	U	I	K	I	Z	I
F	T	I	R	R	O	A	Q	N	S	J	X	K	I	K
F	I	R	M	A	O	T	I	G	N	U	D	O	N	S
V	A	L	U	T	O	T	N	A	G	N	U	D	O	Z
X	S	U	U	F	I	J	W	Z	W	A	V	X	R	B
O	F	N	U	I	N	V	E	S	T	O	Z	P	T	S

MONO
BUTIKO
BUĜETO
OFICEJO
KARIERO
KOSTO
VALUTO
DUNGANTO
DUNGITO
FIRMAO
EKONOMIO
FINANCO
IMPOSTOJ
INVESTO
VARO
PROFITO
ENSPEZO
RABATO
UZINO
VENDO

42 - Activités

C	E	R	A	M	I	K	O	T	R	E	L	A	C	L
M	A	G	I	O	R	D	D	E	F	B	I	L	U	I
G	S	P	Z	G	D	H	A	N	I	S	C	T	D	B
U	F	L	Q	V	U	A	N	D	Ŝ	G	M	I	A	E
N	X	G	R	Y	K	M	E	U	K	L	S	G	K	R
N	L	G	I	B	E	F	D	M	A	K	F	A	T	T
J	O	I	T	E	M	E	R	A	P	Z	Ĉ	N	I	E
R	O	P	K	S	I	M	A	D	T	A	A	T	V	M
W	R	S	T	L	K	N	Ĝ	O	A	L	S	A	E	P
Z	A	X	E	R	W	Z	C	D	D	W	A	K	C	O
N	V	K	I	R	L	E	A	A	O	F	D	M	O	W
A	R	T	O	E	E	O	V	G	H	J	O	D	U	L
O	V	J	A	O	R	T	N	E	P	X	R	I	L	G
P	L	E	Z	U	R	O	N	L	P	N	R	W	V	S
P	L	M	J	J	F	F	S	I	F	T	N	U	B	R

AKTIVECO
ARTO
METIOJ
TENDUMADO
CERAMIKO
ĈASADO
LERTO
KUDRI
INTERESOJ
ĜARDENADO
LUDOJ
LEGADO
LIBERTEMPO
MAGIO
PENTRO
FIŜKAPTADO
FOTO
PLEZURO
ALTIGANTA

43 - Mode

O	S	D	H	U	W	Z	B	G	M	E	T	T	U	P
R	K	F	G	A	Y	X	A	L	O	L	E	E	J	R
I	E	V	Y	R	U	M	B	B	D	E	K	N	M	A
G	M	E	R	J	C	H	Z	X	E	G	S	D	W	K
I	O	D	A	M	O	R	B	Z	S	A	T	E	A	T
N	T	C	E	K	P	F	F	L	T	N	U	N	T	I
A	L	P	M	I	S	G	O	E	A	T	R	C	S	K
L	F	L	J	O	N	O	T	U	B	A	O	O	I	A
A	T	S	O	K	D	T	X	Q	H	S	T	I	L	O
M	O	D	E	R	N	A	V	I	K	B	N	U	A	F
V	E	S	T	O	S	C	R	T	E	P	U	T	M	I
Q	S	O	C	U	F	B	Z	U	K	I	P	Z	I	T
K	O	M	F	O	R	T	A	O	Z	Z	M	R	N	P
N	W	Z	Z	R	V	Z	T	B	L	E	G	T	I	Z
K	M	E	J	X	G	I	K	X	O	O	M	E	M	T

BOUTIQUE
BUTONOJ
BROMADO
KOSTA
KOMFORTA
PUNTO
ELEGANTA
MEZURADO
MINIMALISTA
MODERNA
MODESTA
SKEMO
ORIGINALA
PRAKTIKA
SIMPLA
STILO
TENDENCO
TEKSTURO
TIFO
VESTO

44 - Nourriture #2

H	A	K	B	J	I	Ŝ	I	N	K	O	Z	M	A	N
I	U	C	U	D	Q	H	I	D	W	W	C	A	B	A
P	Y	W	M	S	N	F	W	I	N	V	S	N	R	L
K	I	V	O	X	B	Q	A	T	H	Z	J	G	O	H
K	O	K	I	D	O	K	I	T	I	R	T	O	K	K
M	T	O	M	A	T	O	N	F	P	N	K	U	O	C
B	E	O	E	Z	N	T	Z	U	U	V	H	T	L	O
A	U	L	M	R	U	A	T	T	G	N	S	T	O	V
N	T	A	A	I	D	H	I	R	J	Z	G	X	P	O
A	H	D	D	N	V	I	N	B	E	R	O	O	O	Z
N	I	G	S	Y	Z	Ĉ	O	K	O	L	A	D	O	I
O	Z	I	R	E	Ĉ	O	F	I	Ŝ	O	F	H	L	R
P	O	M	O	H	R	P	N	C	E	L	E	R	I	O
I	W	G	D	O	I	H	W	A	E	W	P	W	N	T
X	W	E	P	O	L	N	E	C	P	A	V	N	S	T

MIGDALO
MELANZO
BANANO
TRITIKO
BROKOLO
ĈERIZO
CELERIO
FUNGO
ĈOKOLADO
ŜINKO
KIVO
MANGO
OVO
PANO
FIŜO
POMO
KOKIDO
VINBERO
RIZO
TOMATO

45 - Algèbre

F	D	J	F	M	A	Z	B	E	K	V	A	C	I	O
N	R	X	W	F	O	R	M	U	L	O	E	F	R	T
O	H	A	R	T	B	U	S	B	Q	N	K	N	L	N
U	H	S	K	C	G	O	D	U	J	U	S	U	P	A
P	L	L	O	C	I	R	T	A	M	L	P	M	A	V
Z	C	A	I	G	I	L	P	M	I	S	O	E	R	K
P	E	F	V	R	C	O	N	M	H	G	N	R	E	S
L	R	A	D	C	E	V	L	D	B	R	E	O	N	E
I	D	O	Z	X	Q	L	I	B	W	A	N	M	T	N
N	V	A	B	O	R	O	T	K	A	F	T	A	E	F
I	G	S	G	L	Q	S	U	H	G	I	O	R	Z	I
A	W	A	W	H	E	E	F	J	I	K	R	G	O	N
U	G	E	K	Y	W	M	O	I	P	O	Y	A	Y	E
Y	F	J	F	M	G	P	O	E	F	R	H	I	V	O
W	P	V	K	D	N	U	I	E	H	G	R	D	O	W

DIAGRAMO
EKSPONENTO
EKVACIO
FAKTORO
FALSA
FORMULO
FRAKCIO
GRAFIKO
SENFINE
LINIA
MATRICO
NUMERO
PARENTEZO
PROBLEMO
KVANTO
SIMPLIGI
SOLVO
SUBTRAHO
VARIABLO
NUL

46 - Océan

R	M	B	I	O	B	A	R	K	G	J	G	K	Ŝ	S
Z	G	X	A	Y	J	A	N	Q	Q	D	B	O	T	P
J	V	B	O	A	T	O	L	G	M	T	U	R	O	O
C	G	P	G	J	Y	R	P	E	I	T	I	A	R	N
U	A	N	L	D	F	T	O	T	N	L	J	L	M	G
P	Y	Q	A	E	I	S	L	I	S	O	O	O	O	O
I	S	O	X	F	S	O	P	N	A	N	Z	F	M	F
T	E	S	T	U	D	O	O	U	L	E	U	O	I	H
W	J	T	U	Y	A	T	V	S	I	F	D	K	J	R
I	P	F	L	C	X	G	J	O	K	L	E	Q	U	K
U	F	D	A	J	S	Z	F	G	O	E	M	W	V	W
Ŝ	A	R	K	O	L	O	E	Y	K	D	Y	Y	R	F
J	B	Y	G	D	Q	J	I	G	O	L	S	A	W	P
F	I	Ŝ	O	N	X	B	F	Q	S	U	E	E	F	R
S	A	L	O	O	I	N	E	Q	O	M	N	W	Z	A

ALGO
ANGILO
BALENO
BOATO
KORALO
KRABO
SALIKOKO
DELFENO
SPONGO
OSTRO
MEDUZOJ
FIŜO
POLPO
ŜARKO
RIFO
SALO
ŜTORMO
TINUSO
TESTUDO
ONDOJ

47 - Antiquités

Z	E	S	K	U	L	P	T	A	Ĵ	O	T	R	A	W
X	D	L	Y	G	V	Y	I	Q	O	R	E	L	A	G
K	U	X	E	Y	Z	M	R	O	Z	O	L	I	T	S
R	V	J	X	G	R	M	M	J	E	L	Y	F	L	U
E	M	A	Z	U	A	G	J	P	R	A	H	D	Q	F
S	A	T	L	O	L	N	Q	F	P	V	H	Z	J	I
T	L	N	M	I	N	G	T	J	U	V	E	L	O	J
A	N	E	O	C	T	E	D	A	Y	A	D	A	Ĵ	A
R	O	T	N	K	H	O	K	W	Y	I	B	J	A	M
O	V	Ŭ	E	Ŭ	G	T	D	U	U	Q	H	O	R	A
O	A	A	R	A	D	S	R	M	T	M	Z	K	T	N
F	Z	Y	O	L	B	E	M	H	O	I	Q	K	N	R
S	N	B	J	V	Q	V	F	C	D	Q	M	M	E	O
B	D	X	O	G	L	N	I	G	I	C	J	A	P	U
L	E	Y	T	Q	H	I	J	A	R	C	E	N	T	O

ARTO
AŬTENTA
JUVELOJ
ORNAMAJ
AŬKCIO
ELEGANTA
GALERO
NEKUTIMA
INVESTO
MEBLO
PENTRAĴOJ
MONEROJ
PREZO
KVALITO
RESTARO
SKULPTAĴO
JARCENTO
STILO
VALORO
MALNOVA

48 - Boxe

C	P	B	K	O	N	T	R	A	Ŭ	U	L	O	T	H
K	U	A	A	G	D	K	Q	Z	I	A	Q	K	N	Z
J	O	T	K	N	U	P	T	R	P	R	G	U	A	S
Q	T	A	F	K	G	W	X	W	T	Z	P	T	V	O
G	R	L	D	G	O	U	R	A	P	I	D	E	E	N
T	O	A	P	V	V	R	L	X	Z	P	Z	O	L	O
D	F	N	U	C	O	F	P	O	Z	B	J	H	Ĉ	R
P	N	T	D	F	R	V	L	O	K	X	J	M	E	I
Z	U	O	N	O	T	N	E	M	M	Q	E	E	R	L
A	X	G	N	S	E	G	R	G	J	N	B	S	P	O
T	L	S	N	L	R	V	T	S	N	I	D	C	I	B
Z	Z	T	V	O	P	C	O	S	U	K	O	F	T	T
P	I	E	D	B	A	T	O	T	U	B	U	K	A	B
G	A	N	T	O	J	O	R	U	N	Ŝ	K	D	P	F
T	N	F	W	H	I	K	Q	J	P	G	M	F	D	E

KONTRAŬULO
SONORILO
ANGULO
BATALANTO
LERTO
FOKUSO
ŜNUROJ
KORPO
KUBUTO
PIEDBATO
ELĈERPITA
FORTO
GANTOJ
MENTONO
PUGNO
PUNKTOJ
RAPIDE
RETROVO

49 - Réchauffement Climatique

E	H	A	B	I	T	A	T	O	J	G	R	E	S	H
P	N	Q	I	M	C	W	A	Y	D	I	H	S	C	F
K	M	E	G	R	E	Y	G	I	U	V	T	T	I	A
G	G	E	R	F	A	D	L	C	T	J	N	O	E	D
U	H	X	C	G	D	L	I	Z	N	O	I	N	N	O
B	L	Q	G	B	I	B	C	A	E	R	T	T	C	U
U	R	X	T	R	U	O	M	U	T	A	D	E	I	I
G	H	W	O	W	G	Ĝ	W	U	A	T	G	C	S	N
K	A	Z	M	S	V	E	E	N	H	N	I	O	T	D
J	O	Z	I	R	K	L	H	U	R	A	K	T	O	U
A	Y	R	O	T	A	M	I	L	K	Ĝ	N	K	W	S
E	N	G	E	N	E	R	A	C	I	O	J	R	H	T
O	U	L	O	V	E	H	R	O	N	L	R	A	M	R
M	N	N	X	R	A	I	C	A	N	R	E	T	N	I
N	R	E	G	I	S	T	A	R	O	D	Q	Y	X	O

ARKTO
ATENTU
KLIMATO
KRIZO
EVOLUO
DATUMO
MEDIA
ENERGIO
ESTONTECO
GAZO
GENERACIOJ
REGISTARO
HABITATOJ
INDUSTRIO
INTERNACIA
LEĜO
NUN
LOĜANTAROJ
SCIENCISTO

50 - Ballet

O	R	Q	F	E	I	K	T	K	J	P	D	A	A	N
T	R	I	P	E	Q	O	E	O	S	R	A	P	R	S
S	G	K	T	L	N	M	K	R	K	A	N	L	T	P
I	L	Q	E	M	I	M	N	E	M	K	C	A	A	E
N	E	E	D	S	O	U	I	G	D	T	I	Ŭ	X	K
O	R	A	C	Z	T	T	K	R	A	I	S	D	Q	T
P	T	O	F	I	R	R	O	A	M	K	T	O	E	A
M	O	V	O	R	P	O	O	F	I	O	O	J	J	N
O	K	I	Z	U	M	W	T	I	R	C	J	R	D	T
K	Y	U	R	S	K	L	S	O	P	H	A	S	I	A
X	D	C	N	G	Z	V	E	H	S	B	E	R	R	R
S	T	I	L	O	T	H	G	T	E	Q	A	V	G	O
F	I	T	V	F	M	U	S	K	O	L	O	J	K	L
I	N	T	E	N	S	E	C	O	K	J	Z	Y	G	N
E	E	J	L	E	P	K	E	M	G	K	R	B	S	Q

APLAŬDOJ
ARTA
KOREGRAFIO
LERTO
KOMPONISTO
DANCISTOJ
ESPRIMA
GESTO
GRACIA
INTENSECO
MUSKOLOJ
MUZIKO
ORKESTRO
PRAKTIKO
SPEKTANTARO
PROVO
RITMO
STILO
TEKNIKO

51 - Fruit

Z	Q	Z	U	Q	B	S	A	M	K	P	S	I	P	W
R	W	Z	K	Z	J	O	B	M	A	R	F	E	K	N
C	I	T	R	O	N	O	R	I	P	N	K	O	J	E
K	Z	S	W	G	P	M	I	H	R	Q	G	X	A	K
P	I	J	T	I	T	O	K	K	X	Y	X	O	N	T
M	K	V	J	F	Q	P	O	K	I	S	R	E	P	A
Y	Y	F	O	D	M	U	T	M	C	F	S	G	C	R
L	O	Z	R	I	E	T	O	Ĝ	N	A	R	O	G	I
S	O	R	E	B	N	I	V	C	P	D	Q	N	U	N
Ĉ	H	G	B	Q	W	P	P	A	P	A	J	O	V	O
D	E	B	L	C	A	H	Z	A	K	R	K	L	A	P
M	Z	R	A	V	O	K	A	D	O	A	Z	E	V	U
X	M	P	I	T	B	T	N	N	O	U	F	M	O	Y
S	G	R	M	Z	H	B	A	N	A	N	O	Y	H	K
M	C	Z	R	B	O	S	A	N	A	N	A	T	B	K

ABRIKOTO
ANANASO
AVOKADO
BERO
BANANO
ĈERIZO
CITRONO
FIGO
FRAMBO
GUVAVO
KIVO
MANGO
MELONO
NEKTARINO
ORANĜO
PAPAJO
PERSIKO
PIRO
POMO
VINBERO

52 - Musique

Z	M	K	B	O	K	I	R	I	L	M	G	R	K	M
N	K	D	A	I	M	L	N	O	Ĉ	O	V	E	A	E
H	O	T	Z	N	I	A	A	T	O	V	Y	G	N	L
E	C	A	X	O	K	T	M	S	A	A	Q	I	T	O
T	H	N	V	M	R	U	T	I	I	F	X	S	U	D
X	A	K	J	R	O	N	I	K	Z	K	B	T	R	I
J	X	K	F	A	F	H	R	I	E	C	A	R	K	O
U	I	V	T	H	O	W	R	Z	O	Y	N	O	I	R
L	I	B	B	O	N	P	W	U	P	B	A	T	R	E
H	Q	Y	W	M	O	R	Q	M	C	R	K	S	F	P
B	A	L	A	D	O	M	U	B	L	A	I	I	M	O
I	N	S	T	R	U	M	E	N	T	O	Z	T	C	Z
H	A	R	M	O	N	I	K	O	L	K	U	N	M	G
U	B	Z	S	X	H	Y	X	O	T	M	M	A	E	O
S	O	B	B	Z	B	A	K	F	W	N	P	K	Y	I

ALBUMO
BALADO
KANTU
KANTISTO
KLASIKA
REGISTRO
HARMONIO
HARMONIKO
INSTRUMENTO
LIRIKO
MELODIO
MIKROFONO
MUZIKA
MUZIKISTO
OPERO
POEZIA
RITMO
RITMA
TAKTO
VOĈO

53 - Météo

A	T	M	O	S	F	E	R	O	R	D	N	O	T	T
S	S	W	D	T	H	F	L	E	U	O	L	I	V	R
U	O	T	N	E	V	O	O	I	H	C	W	C	B	O
L	X	H	U	N	T	D	M	X	V	E	U	A	T	P
O	B	O	N	A	G	A	R	U	N	K	Y	L	Z	I
P	L	N	I	A	V	N	O	W	T	E	N	G	O	K
H	I	E	E	D	Y	R	T	L	F	S	F	A	K	A
R	Q	R	I	B	W	O	Ŝ	I	B	H	X	L	R	O
U	K	A	S	Ĉ	U	T	O	H	I	U	D	G	A	T
Q	D	B	O	Z	I	L	K	G	L	M	I	F	L	A
R	H	Y	N	V	O	N	O	D	L	I	W	C	E	M
D	X	G	R	B	A	M	G	C	G	D	Z	G	I	I
W	O	Z	O	G	X	U	C	J	P	A	N	V	Ĉ	L
T	E	M	P	E	R	A	T	U	R	O	B	U	N	K
F	I	S	F	Q	R	Z	S	B	S	S	E	K	A	Q

ĈIELARKO
ATMOSFERO
NEBULO
TRANKVILE
ĈIELO
KLIMATO
GLACIO
HUMIDA
INUNDO
NUBO
URAGANO
POLUSA
SEKA
SEKECO
TEMPERATURO
ŜTORMO
TONDRO
TORNADO
TROPIKA
VENTO

54 - L'Entreprise

P	E	N	U	O	T	N	E	Z	E	R	P	I	K	D
S	R	W	Y	H	Q	I	R	O	K	O	R	N	M	J
H	S	O	C	E	L	B	E	E	D	T	O	D	E	J
Y	E	T	F	U	N	U	O	J	R	I	G	U	V	Y
P	U	K	V	E	U	A	R	S	P	L	R	S	R	T
G	Y	U	P	N	S	G	U	I	D	A	E	T	E	U
O	C	D	C	P	O	I	A	D	S	V	S	R	P	T
O	T	O	U	Z	H	V	A	U	J	K	O	I	U	M
C	O	R	F	H	U	O	E	N	S	U	O	O	T	O
V	Z	P	F	E	H	N	R	G	N	J	T	J	A	N
D	E	C	I	D	O	L	K	O	F	U	S	Y	C	D
L	P	R	I	M	E	D	O	J	V	X	E	E	I	A
U	S	K	O	M	E	R	C	O	D	W	V	T	O	W
Y	N	T	E	N	D	E	N	C	O	J	N	L	V	V
T	E	J	Z	F	L	I	V	Z	O	V	I	E	I	X

KOMERCO
KREA
DECIDO
DUNGO
TUTMONDA
INDUSTRIO
NOVIGA
INVESTO
EBLECO
PREZENTO
PRODUKTO
PROFESIA
PROGRESO
KVALITO
RIMEDOJ
ENSPEZO
REPUTACIO
RISKOJ
TENDENCOJ
UNUOJ

55 - Gouvernement

C	E	Z	L	S	I	M	B	O	L	O	K	P	J	M
I	E	G	J	I	V	Z	J	S	L	A	O	A	U	O
V	C	N	A	U	B	G	W	C	M	X	N	R	S	N
I	N	U	Ĝ	L	F	E	E	B	T	T	S	O	T	U
L	E	W	U	N	E	E	R	T	G	S	T	L	E	M
A	D	N	J	T	Y	C	Z	E	Z	Y	I	A	C	E
F	N	C	T	R	O	P	O	W	C	J	T	D	O	N
D	E	M	O	K	R	A	T	I	O	O	U	O	T	T
Y	P	S	Ĝ	N	W	N	A	I	N	T	C	K	U	O
U	E	F	E	N	D	K	T	K	A	J	I	I	K	C
K	D	I	L	V	A	L	S	M	T	A	O	T	S	Q
G	N	X	A	O	I	C	Y	U	I	R	P	I	I	X
A	I	G	V	Z	C	W	I	O	V	P	Z	L	D	E
P	A	C	A	U	A	P	U	O	I	X	Q	O	O	I
W	A	X	F	B	N	Z	U	L	C	L	J	P	P	B

CIVITANO
CIVILA
KONSTITUCIO
DEMOKRATIO
PAROLADO
DISKUTO
RAJTOJ
EGALECO
STATO
INDEPENDENCE
JUĜAJ
JUSTECO
LIBERECO
LEĜO
MONUMENTO
NACIO
NACIA
PACA
POLITIKO
SIMBOLO

56 - Randonnée

Ŝ	M	A	I	K	U	P	P	R	E	P	A	R	O	U
K	T	O	N	H	I	A	Ĝ	A	V	O	S	I	V	I
L	J	O	N	F	Q	R	X	Y	Y	Q	P	L	K	F
I	I	R	N	T	H	K	G	M	H	N	L	G	A	M
M	P	E	K	O	O	O	Ĝ	I	T	N	E	I	R	O
A	U	T	K	L	J	J	N	H	G	L	A	C	A	D
T	N	E	P	F	I	I	X	Q	V	M	Z	Y	X	A
O	T	V	R	N	M	F	X	C	I	G	E	K	B	M
N	O	E	E	N	I	B	O	F	D	E	P	M	L	U
P	T	S	V	B	O	T	O	J	I	S	K	H	G	D
S	U	N	O	W	R	U	B	O	L	M	A	P	O	N
K	Y	J	G	B	U	T	Z	T	O	U	H	E	I	E
O	X	N	E	H	T	A	S	S	J	X	A	Y	U	T
D	X	H	V	N	A	L	D	E	K	F	S	L	A	O
N	S	L	D	G	N	B	H	B	L	U	R	Z	H	H

BESTOJ
BOTOJ
TENDUMADO
MAPO
KLIMATO
AKVO
KLIFO
LACA
GVIDILOJ
PEZA
VETERO
MONTO
NATURO
ORIENTIĜO
PARKOJ
ŜTONOJ
PREPARO
SOVAĜA
SUNO
PUNTO

57 - Art

X	J	U	H	V	G	U	A	P	I	S	U	P	C	P
I	O	L	O	B	M	I	S	O	N	X	O	A	E	E
L	I	T	O	M	E	I	M	R	S	H	M	D	R	R
A	C	E	S	W	V	E	Z	T	P	A	S	P	A	S
R	R	O	C	E	Z	A	Z	R	I	Q	I	P	M	O
S	P	R	N	R	N	V	P	E	R	S	L	K	I	N
W	P	O	E	Z	I	O	H	T	I	A	A	O	K	A
M	P	M	V	I	D	A	H	U	T	L	E	M	O	I
S	K	U	L	P	T	A	Ĵ	O	A	A	R	P	M	O
Y	A	H	V	U	P	W	L	S	E	N	R	O	Z	Y
U	A	G	D	Z	H	I	J	P	M	I	E	N	L	M
K	O	M	P	L	E	K	S	O	M	G	P	A	X	R
S	U	B	J	E	K	T	O	X	H	I	U	D	G	J
E	S	P	R	I	M	O	A	D	B	R	S	O	E	Y
P	E	N	T	R	A	Ĵ	O	J	I	O	V	P	C	L

CERAMIKO
KOMPLEKSO
KOMPONADO
PORTRETU
ESPRIMO
HONESTO
HUMORO
INSPIRITA
ORIGINALA
PENTRAĴOJ
PERSONA
POEZIO
SKULPTAĴO
SIMPLA
SUBJEKTO
SUPERREALISMO
SIMBOLO
VIDA

58 - Nutrition

A	L	V	K	R	P	V	A	Y	L	I	C	F	S	L
M	I	I	A	C	Q	E	S	E	I	N	E	E	P	D
A	S	T	L	P	L	M	Z	Q	K	G	U	R	E	O
R	Q	A	O	T	S	U	G	O	V	R	S	M	C	T
A	P	M	R	C	M	C	O	O	A	E	A	E	O	A
U	R	I	I	N	Ŭ	M	N	A	Ĵ	D	N	N	J	P
F	O	N	O	I	U	A	I	S	O	I	A	T	A	E
U	T	O	J	X	B	M	S	A	J	E	X	A	B	T
K	E	K	F	T	J	K	K	N	M	N	U	D	R	I
H	I	X	L	C	O	O	O	O	G	T	U	O	B	T
B	N	L	X	O	G	C	T	T	M	E	F	Z	V	O
Q	O	T	I	L	A	V	K	E	X	J	X	V	P	C
N	J	E	E	K	V	I	L	I	B	R	A	M	Q	Y
D	I	G	E	S	T	O	V	D	H	Q	X	L	I	Y
Y	M	A	N	Ĝ	E	B	L	A	T	B	B	R	Q	G

AMARA
APETITO
KALORIOJ
MANĜEBLA
DIETO
DIGESTO
SPECOJ
EKVILIBRA
FERMENTADO
INGREDIENTEJ
LIKVAĴOJ
PEZO
PROTEINOJ
KVALITO
SANA
SANO
SAŬCO
GUSTO
TOKSINO
VITAMINO

59 - Créativité

I	P	N	C	W	C	E	T	W	C	E	W	L	F	S
Y	N	A	M	A	R	D	C	Y	R	S	C	E	L	P
U	T	T	T	R	O	F	X	K	D	P	D	R	C	O
O	T	N	E	S	S	K	Y	K	Y	R	O	T	X	N
D	L	E	V	N	C	O	L	F	I	I	G	O	Y	T
T	O	V	Z	E	S	C	Y	Z	D	M	U	V	O	A
B	S	N	U	E	O	E	Z	O	J	O	E	D	I	N
D	E	I	X	X	X	K	C	V	H	C	K	C	C	E
A	R	T	A	J	O	I	C	O	M	E	L	V	I	A
K	P	R	Q	O	R	T	B	P	Q	U	A	A	U	I
L	M	M	V	I	I	N	I	G	M	L	R	J	T	D
L	I	G	Z	Z	P	E	L	A	C	F	E	V	N	R
R	D	L	B	I	S	T	D	M	N	J	C	T	I	P
P	O	N	D	V	N	Ŭ	O	I	Z	B	O	Y	R	H
L	Z	C	X	L	I	A	V	I	G	L	E	C	O	B

ARTA
AŬTENTIKECO
KLARECO
LERTO
DRAMAN
ESPRIMO
EMOCIOJ
FLUECO
IDEOJ
BILDO
IMAGPOVO
IMPRESO
INSPIRO
INTENSECO
INTUICIO
INVENTA
SENTO
SPONTANEA
VIZIOJ
VIGLECO

60 - Science Fiction

S	F	S	E	K	S	T	R	E	M	A	H	F	E	P
C	F	U	T	U	R	I	S	T	A	U	X	Q	K	D
E	H	T	E	K	N	O	L	O	G	I	O	W	S	T
N	M	I	R	I	N	D	A	M	Y	H	H	M	P	L
O	D	N	O	M	R	W	R	L	I	P	Q	Z	L	H
R	O	B	O	T	O	J	P	E	Y	S	T	G	O	N
E	R	O	R	A	K	O	L	O	A	E	T	Y	D	T
N	J	I	K	G	S	D	P	W	A	L	O	E	O	X
Y	A	Z	P	A	S	E	Q	Q	B	X	I	L	R	Y
D	F	U	L	M	O	N	K	I	N	O	S	S	I	A
A	H	L	I	I	I	A	P	W	Q	W	K	S	M	O
V	G	I	B	I	L	L	T	A	Q	P	A	B	I	O
X	S	R	R	T	S	P	Q	O	C	Z	L	X	X	A
R	Z	Q	O	I	P	O	T	U	M	W	A	K	Y	O
V	R	Z	J	L	Q	O	F	S	W	A	G	F	D	W

ATOMA
KINO
EKSPLODO
EKSTREMA
MIRINDA
FAJRO
FUTURISTA
GALAKSIO
ILUZIO
IMAGA
LIBROJ
MONDO
MISTERA
ORAKOLO
PLANEDO
REALISMO
ROBOTOJ
SCENO
TEKNOLOGIO
UTOPIO

61 - Professions #1

D	A	Q	W	I	S	O	T	A	K	O	V	D	A	L
B	O	Y	T	P	Y	L	R	M	B	T	F	J	P	T
F	T	K	M	W	Z	I	E	B	A	S	O	U	I	A
K	S	D	T	E	M	I	J	A	N	I	N	V	A	T
A	I	P	I	O	Z	P	N	S	K	S	I	E	N	S
R	K	S	S	K	R	R	I	A	I	A	T	L	I	I
T	I	C	M	I	O	O	S	D	S	Ĉ	S	I	S	M
O	Z	I	M	F	K	G	T	O	T	E	I	S	T	O
G	U	E	S	W	W	O	O	R	O	J	T	T	O	F
R	M	N	U	Q	D	L	L	O	R	E	R	O	I	O
A	L	C	W	E	X	O	R	O	T	K	A	D	E	R
F	Z	I	L	Z	X	E	C	J	G	Y	V	H	P	J
O	X	S	H	N	I	G	P	C	M	O	H	I	N	A
U	O	T	S	I	B	M	U	L	P	X	I	L	W	F
J	Z	O	M	O	N	O	R	T	S	A	B	X	Q	N

AMBASADORO
ASTRONOMO
ADVOKATO
BANKISTO
JUVELISTO
KARTOGRAFO
ĈASISTO
TREJNISTO
REDAKTORO

GEOLOGO
VARTISTINO
DOKTORO
MUZIKISTO
PIANISTO
PLUMBISTO
FAJROFOMISTA
PSIKOLOGO
SCIENCISTO

62 - Géologie

B	V	K	Ŝ	T	O	N	O	F	Y	H	K	K	E	S
Z	C	M	R	U	R	K	N	H	O	C	A	S	A	A
Y	V	P	F	I	E	I	R	V	P	G	L	T	L	L
Q	D	L	O	M	S	Y	E	O	D	I	C	A	T	O
D	J	L	S	N	J	T	V	V	H	L	I	L	E	S
I	O	D	I	J	E	E	A	A	M	J	O	A	B	T
B	T	P	L	S	G	M	K	L	L	R	L	G	E	A
M	N	T	O	I	Z	O	R	E	O	W	A	M	N	L
S	E	Z	O	N	O	T	O	N	N	J	R	I	A	A
Z	N	D	V	Y	T	E	L	V	A	O	O	T	Ĵ	K
M	I	N	E	R	A	L	O	J	K	U	K	O	O	T
V	T	H	C	L	I	F	V	M	L	G	W	J	B	I
G	N	B	K	U	P	X	A	E	U	N	Y	E	D	T
W	O	C	R	A	V	K	T	L	V	M	O	J	R	O
M	K	C	C	O	A	I	I	F	B	R	H	J	W	A

ACIDO
KALCIO
KAVERNO
KONTINENTO
KORALO
TAVOLO
KRISTALOJ
EROZIO
FOSILO
GEJSERO
LAVO
MINERALOJ
ŜTONO
ALTEBENAĴO
KVARCO
SALO
STALAKTITO
STALAGMITOJ
VULKANO
ZONO

63 - Jardin

T	H	A	M	A	K	O	Ŝ	T	Y	L	L	B	A	N
H	R	G	C	J	Q	L	C	O	H	F	X	E	C	G
R	Q	A	F	M	W	E	D	C	V	B	K	N	V	J
T	V	L	M	G	R	R	Q	V	C	E	C	K	Y	Y
V	A	F	O	P	T	E	R	A	S	O	L	O	B	A
E	P	F	T	W	O	B	R	A	E	L	W	I	J	N
R	L	Q	M	C	Ĝ	L	B	F	Z	U	J	B	L	U
A	H	Q	F	D	A	T	I	Y	T	R	U	E	T	O
N	G	M	D	Y	R	L	E	N	O	T	E	G	A	L
D	V	R	K	F	A	J	Y	E	O	L	I	R	A	B
O	N	O	Z	A	G	O	I	D	X	R	R	J	Y	J
B	R	S	S	A	R	B	U	S	T	O	A	I	U	O
R	I	O	N	E	D	R	A	Ĝ	R	B	S	R	C	R
E	E	H	L	X	Z	E	S	U	G	E	T	P	J	L
H	J	U	N	F	M	H	V	J	P	X	I	V	R	P

ARBO
BENKO
ARBUSTO
BARILO
LAGETO
FLORO
GARAĜO
HAMAKO
HERBO
ĜARDENO
HERBOJ
ŜOVELILO
GAZONO
VERANDO
RASTI
TRULO
TERASO
TRAMPOLINO
HOSO

64 - Santé et Bien Être #1

Q	B	O	R	O	T	K	O	D	C	V	A	V	R	H
M	A	L	S	A	T	O	L	G	M	C	M	Z	E	O
R	M	U	H	Y	S	T	K	I	U	D	G	U	F	R
J	O	S	A	Z	F	L	Q	U	N	K	Q	B	L	M
D	N	T	V	O	X	A	J	V	T	I	L	Z	E	O
M	E	D	I	C	I	N	O	U	L	I	K	T	K	N
B	T	T	T	T	I	L	I	N	D	C	M	O	S	O
G	N	S	K	M	N	D	R	D	R	G	F	O	O	J
Y	I	Y	A	X	U	U	E	O	M	K	R	I	K	P
O	S	U	R	I	V	S	T	A	T	H	G	P	E	G
O	S	T	O	J	X	N	K	J	P	A	Z	A	T	P
E	H	W	O	C	J	Z	A	O	I	T	M	R	O	T
X	G	S	J	T	H	V	B	D	L	O	Q	E	P	C
T	R	A	K	T	A	D	O	N	F	O	L	T	A	V
F	R	A	K	T	U	R	O	K	A	R	J	W	J	Y

AKTIVA
BAKTERIOJ
VUNDO
KLINIKO
MALSATO
FRAKTURO
KUTIMO
ALTO
HORMONOJ
DOKTORO
MEDICINO
MUSKOLOJ
OSTOJ
APOTEKO
SINTENO
REFLEKSO
TERAPIO
TRAKTADO
VIRUSO

65 - Barbecues

V	E	L	A	E	C	F	C	Q	D	H	W	W	L	V
E	S	U	A	G	E	T	R	D	G	H	I	Z	E	A
S	W	D	P	J	P	U	R	U	A	R	I	M	D	R
P	M	O	S	K	O	B	T	A	K	S	A	L	O	M
E	O	J	A	O	J	T	A	F	N	T	C	L	G	A
R	P	O	L	K	G	G	M	O	L	Ĉ	O	W	U	Z
M	I	N	A	I	J	Y	N	U	P	F	I	T	Z	N
A	P	A	D	D	F	A	M	I	L	I	O	L	J	S
N	R	F	O	O	S	A	Ŭ	C	O	T	T	P	O	V
Ĝ	O	N	J	L	B	X	W	M	K	O	A	J	M	J
O	E	I	F	M	I	W	G	H	I	M	S	U	O	V
R	T	S	O	M	E	R	O	F	Z	A	L	R	G	N
X	R	L	G	L	J	K	G	K	U	T	A	I	E	J
T	A	G	M	A	N	Ĝ	O	V	M	O	M	O	L	G
H	L	R	W	H	S	Q	B	U	D	J	W	H	H	K

VARMA
TRANĈILOJ
TAGMANĜO
VESPERMANĜO
INFANOJ
SOMERO
MALSATO
FAMILIO
FRUKTO
GRILO
LUDOJ
LEGOMOJ
MUZIKO
CEPOJ
PIPRO
KOKIDO
SALADOJ
SAŬCO
SALO
TOMATOJ

66 - Forêt Tropicale

Q	I	R	Ĝ	D	A	M	F	I	B	I	O	J	F	H
D	N	J	F	A	I	R	P	L	R	M	U	S	K	O
K	S	Z	I	P	N	V	N	O	S	S	D	J	M	D
I	E	W	F	Z	J	G	E	A	U	G	M	S	A	A
N	K	Z	Y	X	O	F	A	R	T	Q	M	L	M	V
D	T	V	A	L	O	R	A	L	S	U	Y	J	U	R
I	O	T	K	E	P	S	E	R	O	E	R	A	L	E
Ĝ	J	R	I	F	U	Ĝ	O	I	R	K	C	O	O	S
E	K	O	M	U	N	U	M	O	A	L	A	O	J	N
N	B	I	R	D	O	J	V	B	T	I	F	Y	I	O
A	L	C	O	U	Y	O	F	P	S	M	O	W	X	K
U	S	E	A	M	G	B	K	X	E	A	S	G	B	V
R	Z	P	S	W	U	U	E	G	R	T	C	R	B	H
E	P	S	C	A	I	N	O	X	N	O	C	A	P	I
B	O	T	A	N	I	K	O	A	W	X	K	N	K	I

AMFIBIOJ
BOTANIKO
KLIMATO
KOMUNUMO
DIVERSECO
SPECIO
INDIĜENA
INSEKTOJ
ĜANGALO
MAMULOJ
MUSKO
NATURO
NUBOJ
BIRDOJ
VALORA
KONSERVADO
RIFUĜO
RESPEKTO
RESTARO

67 - Ferme #1

V	H	V	L	P	G	Z	V	H	Y	B	A	Q	M	Y
O	R	U	T	L	U	K	I	R	G	A	B	H	J	S
M	C	R	N	X	W	H	E	T	K	M	E	V	V	U
P	D	Q	Z	D	F	A	R	R	O	F	L	Y	P	L
Q	L	X	E	Q	O	K	R	E	T	S	O	A	H	H
G	R	E	G	O	V	L	S	P	Q	K	F	Z	Ĉ	T
M	C	N	W	Z	K	F	I	J	E	P	O	E	E	A
U	I	N	D	I	A	O	K	R	O	P	J	N	V	Q
L	D	E	Z	R	K	P	E	I	A	S	N	O	A	P
C	O	H	L	P	E	M	H	R	N	B	O	R	L	N
G	Q	U	W	O	T	A	K	S	O	G	J	P	O	W
Z	N	O	P	C	G	K	C	Y	P	P	A	A	Z	J
R	O	R	X	K	O	K	I	D	O	W	R	K	D	N
G	B	C	G	S	D	W	K	W	K	O	R	V	O	K
B	O	V	I	N	O	D	I	V	O	B	I	J	O	D

ABELO
AGRIKULTURO
AZENO
KAMPO
KATO
ĈEVALO
KAPRO
HUNDO
BARILO
PORKO
KORVO
AKVO
STERKO
FOJNO
MIELO
KOKIDO
RIZO
GREGO
BOVINO
BOVIDO

68 - Antarctique

V	L	P	K	M	H	H	Q	M	X	M	U	X	F	T
J	B	E	O	I	H	N	G	V	C	I	G	D	F	E
O	P	N	N	N	K	S	F	J	H	G	B	A	F	M
R	G	I	T	E	B	O	A	I	A	R	G	K	T	P
E	E	N	I	R	B	I	N	L	O	A	L	V	H	E
Ĉ	O	S	N	A	R	A	R	S	K	D	L	O	A	R
A	G	U	E	L	Y	C	L	D	E	O	I	Z	L	A
L	R	L	N	O	A	N	F	E	O	R	W	V	V	T
G	A	O	T	J	D	E	A	X	N	J	V	I	M	U
L	F	R	O	M	P	I	T	A	K	O	J	A	B	R
A	I	M	U	Y	K	C	O	R	B	L	J	D	D	O
C	O	E	M	T	J	S	G	H	G	U	V	A	N	O
I	E	X	P	E	D	I	C	I	O	S	L	M	Y	W
O	M	E	D	I	O	J	C	Z	D	N	X	B	A	H
E	S	P	L	O	R	I	S	T	O	I	Q	E	H	E

BAJO
BALENOJ
ESPLORISTO
KONSERVADO
KONTINENTO
AKVO
MEDIO
EXPEDICIO
GEOGRAFIO
GLACIO
GLAĈEROJ
INSULOJ
MIGRADO
MINERALOJ
BIRDOJ
PENINSULO
ROCKY
SCIENCA
TEMPERATURO

69 - Professions #2

Ĝ	W	Z	H	F	W	N	S	M	J	D	I	D	V	L
A	K	O	V	P	U	I	I	X	B	E	N	E	X	I
R	P	E	N	T	R	I	S	T	O	N	V	T	T	N
D	I	N	Ĝ	E	N	I	E	R	O	T	E	E	F	G
E	K	U	R	A	C	I	S	T	O	I	N	K	I	V
N	F	O	T	I	S	T	O	U	S	S	T	T	L	I
I	B	I	O	L	O	G	O	A	O	T	I	I	O	S
S	F	H	O	G	O	L	O	O	Z	O	N	V	Z	T
T	A	S	T	R	O	N	A	Ŭ	T	O	T	O	O	O
O	T	S	I	U	R	T	S	N	I	O	O	W	F	G
I	L	U	S	T	R	I	S	T	O	F	L	M	O	R
Z	B	I	B	L	I	O	T	E	C	A	R	I	O	U
Ĵ	U	R	N	A	L	I	S	T	O	J	A	G	P	R
E	S	P	L	O	R	I	S	T	O	D	C	I	Q	I
J	B	O	L	D	Q	K	A	Z	U	E	T	N	N	K

ASTRONAŬTO
BIBLIOTECARIO
BIOLOGO
ESPLORISTO
KIRURGO
DENTISTO
DETEKTIVO
INSTRUISTO
ILUSTRISTO
INĜENIERO
INVENTINTO
ĜARDENISTO
ĴURNALISTO
LINGVISTO
KURACISTO
PENTRISTO
FILOZOFO
FOTISTO
PILOTO
ZOOLOGO

70 - Les Abeilles

E	W	P	C	W	E	I	H	Z	A	D	B	C	S	Ĝ
S	M	L	N	G	P	Z	E	A	L	I	T	U	D	A
O	K	A	R	P	C	D	K	D	B	X	U	T	N	R
I	O	N	E	L	O	P	X	N	M	I	L	P	D	D
A	M	T	R	E	Ĝ	I	N	O	W	B	T	Y	P	E
N	U	O	L	E	I	M	X	X	O	S	K	A	V	N
J	F	J	F	R	J	O	R	O	L	F	U	T	T	O
I	N	S	E	K	T	O	T	K	U	R	F	N	G	O
S	Y	I	R	L	G	R	L	H	K	U	V	Q	L	Y
S	V	F	H	I	Y	O	K	I	A	U	V	U	F	V
U	X	A	O	U	J	L	F	Z	G	D	Q	A	Q	R
N	Q	V	R	Q	Q	F	Y	O	J	U	L	E	B	A
O	J	W	F	M	F	Y	W	U	O	A	L	D	L	M
U	G	V	C	N	O	Ĝ	N	A	M	Q	P	F	D	C
N	J	L	H	A	E	K	O	S	I	S	T	E	M	A

FLUGILOJ
UTILA
VAKSO
SVARMO
EKOSISTEMA
FLORO
FLOROJ
FRUKTO
FUMO
HABITATO
INSEKTO
ĜARDENO
MIELO
MANĜO
PLANTOJ
POLENO
REĜINO
ABELUJO
SUNO

71 - Santé et Bien Être #2

X	R	D	B	I	G	G	W	Z	A	Q	S	P	U	P
U	M	L	I	L	I	Y	A	O	L	M	T	V	R	K
H	I	T	I	G	V	H	W	Y	E	A	R	I	E	H
L	O	I	V	K	A	N	E	S	R	L	E	T	U	S
T	K	V	W	E	D	K	E	U	G	S	Ĉ	A	Q	R
O	I	G	R	E	N	E	A	I	I	A	O	M	R	A
D	T	K	O	R	P	O	Y	L	O	N	W	I	E	P
A	E	H	I	G	I	E	N	O	O	O	A	N	T	E
R	N	N	Z	V	S	F	Q	G	Ĝ	R	O	O	R	T
T	E	A	W	A	P	F	O	N	A	L	I	I	O	I
U	G	L	T	S	A	N	A	A	S	R	U	O	V	T
N	F	H	E	O	Z	E	P	S	A	M	F	Q	O	O
W	Z	Y	O	G	M	H	G	W	M	C	S	I	R	V
B	R	O	L	A	T	I	P	S	O	H	C	L	I	B
T	F	U	W	B	K	B	O	T	K	E	F	N	I	R

ALERGIO
ANATOMIO
APETITO
KALORIO
KORPO
ENERGIO
GENETIKO
HOSPITALO
HIGIENO
INFEKTO
MALSANO
MASAĜO
NUTRADO
PEZO
RETROVO
SANA
SANGO
STREĈO
VITAMINO

72 - Conduite

P	N	S	U	D	P	D	P	V	V	B	O	T	Ŭ	A
Y	I	M	P	H	D	K	O	N	C	V	A	R	F	Y
G	T	E	O	L	E	N	U	T	J	I	Q	A	K	X
C	E	V	D	T	Q	R	U	G	P	D	S	F	D	Y
R	Y	Y	I	I	O	R	E	Ĝ	N	A	D	I	P	V
P	Y	X	P	S	R	R	D	K	W	S	D	K	E	O
S	O	P	A	M	A	A	C	V	L	M	A	O	R	J
E	Ĝ	L	R	N	H	M	N	I	D	J	O	B	M	O
K	A	W	I	G	A	Z	O	T	K	J	S	R	E	K
U	R	L	N	C	W	D	G	W	O	L	J	E	S	A
R	A	Z	I	K	O	F	U	E	L	O	O	M	I	M
E	G	A	K	C	I	D	E	N	T	O	Q	S	L	I
C	B	V	G	U	P	A	W	J	H	V	H	O	O	O
O	D	A	T	R	O	P	S	N	A	R	T	J	X	N
Q	L	O	F	C	Q	D	V	M	O	T	O	R	O	O

AKCIDENTO
KAMIONO
FUELO
MAPO
DANĜERO
BREMSOJ
GARAĜO
GAZO
PERMESILO
MOTORO
MOTORCIKLO
PIEDIRANTO
POLICO
VOJO
SEKURECO
TRAFIKO
TRANSPORTADO
TUNELO
RAPIDO
AŬTO

73 - Plantes

A	E	Z	I	T	C	N	E	S	T	H	J	U	O	Ĝ
K	R	B	O	T	A	N	I	K	O	E	O	R	F	A
M	K	B	F	L	O	R	A	G	B	R	P	H	S	R
M	G	B	O	R	E	B	X	K	B	B	V	Q	T	D
W	O	G	F	L	O	R	O	W	R	O	I	B	H	E
N	R	O	Q	D	T	H	K	M	S	B	N	J	E	N
N	A	N	G	P	K	G	P	E	T	A	L	O	D	O
B	Ĵ	Q	O	M	A	L	U	T	G	F	M	I	E	R
R	A	R	R	I	K	W	Y	F	N	N	U	L	R	A
D	T	M	A	R	B	U	S	T	O	Q	U	O	O	D
G	E	B	B	U	Z	E	Q	L	Q	K	W	F	U	I
J	G	S	R	U	K	P	O	I	U	K	S	E	R	K
J	E	K	A	F	O	K	R	E	T	S	U	U	R	O
N	V	H	Z	H	M	Y	R	I	U	W	Q	N	M	O
Y	W	P	L	U	U	M	G	R	K	W	U	Y	N	O

ARBO
BERO
BAMBUO
BOTANIKO
ARBUSTO
KAKTO
STERKO
FOLIOJ
FLORO
FLORA
ARBARO
KRESKU
FABO
HERBO
ĜARDENO
HEDERO
MUSKO
PETALO
RADIKO
VEGETAĴARO

74 - Ferme #2

S	S	U	L	I	R	I	G	A	D	O	O	A	J	G
P	Z	W	G	A	U	C	G	R	J	S	F	R	L	D
O	P	W	D	D	M	J	R	U	Y	A	H	Q	D	V
G	U	K	F	W	O	O	J	T	K	N	E	H	G	X
J	I	X	B	O	G	T	J	A	R	A	K	Q	O	X
A	B	B	B	N	H	S	O	M	O	G	E	L	A	H
H	T	S	G	E	O	E	R	P	T	M	A	N	Ĝ	O
O	E	O	C	N	R	B	E	G	C	Ŝ	S	C	K	T
G	U	R	U	F	D	P	S	B	A	A	M	E	R	K
R	S	U	B	P	E	L	N	I	R	F	Y	U	Y	U
E	Z	T	U	E	O	F	A	Ŝ	T	I	N	Z	V	R
N	Q	L	R	C	J	I	T	K	Q	D	L	Y	X	F
E	L	U	U	P	W	O	H	Y	T	O	X	R	R	I
J	A	K	N	T	J	T	R	P	Z	O	Z	I	A	M
O	H	G	R	T	R	I	T	I	K	O	X	A	X	F

ŜAFIDO
KULTURO
BESTOJ
TRITIKO
ANASO
FRUKTO
GRENEJO
IRIGADO
LAKTO
LAMO
LEGOMO
MAIZO
ŜAFO
MATURA
MANĜO
ANSEROJ
HORDEO
HERBEJO
TRACTOR

75 - Vacances #2

F	C	Q	K	T	V	X	N	U	W	E	S	Z	J	T
A	R	T	R	A	N	S	P	O	R	T	A	D	O	R
A	O	E	B	J	F	X	H	M	S	F	M	M	Z	G
N	L	W	M	O	P	A	M	G	Z	I	U	J	O	F
M	F	P	O	D	Z	H	Z	O	Ĝ	A	J	O	V	L
A	Z	L	R	N	A	P	A	S	P	O	R	T	O	U
R	U	A	E	E	W	D	H	O	T	E	L	O	D	G
O	F	Ĝ	Y	T	S	R	E	Y	N	R	M	F	A	H
I	E	O	K	B	U	T	V	S	L	D	L	U	M	A
S	R	X	L	C	Y	K	O	H	T	X	O	X	U	V
K	I	T	B	S	M	S	S	R	T	I	A	A	D	E
A	O	L	U	S	N	I	R	P	A	F	N	Q	N	N
T	R	A	J	N	O	X	D	H	Z	C	E	O	E	O
Y	O	P	M	E	T	R	E	B	I	L	I	Y	T	U
Q	B	Y	W	Y	Y	V	J	Y	V	D	U	O	T	P

FLUGHAVENO
TENDUMADO
MAPO
DESTINO
FREMDA
HOTELO
INSULO
LIBERTEMPO
MARO
PASPORTO
FOTOJ
PLAĜO
RESTORACIO
TAKSIO
TENDO
TRAJNO
TRANSPORTADO
FERIO
VIZA
VOJAĜO

76 - Éthique

D	X	O	C	N	R	S	P	H	X	Y	D	N	K	I
M	I	O	C	E	T	S	E	N	O	H	P	O	G	N
D	F	G	F	B	B	E	P	Y	O	M	T	A	J	T
I	I	N	N	N	A	H	Q	A	X	J	A	W	Q	E
P	L	S	Z	O	Ĝ	A	S	L	C	K	O	R	X	G
L	O	J	L	M	S	N	K	B	Y	I	M	H	O	R
O	Z	O	M	S	I	L	A	E	R	K	E	S	I	E
M	O	J	G	I	B	Z	T	T	V	U	R	N	Y	C
A	F	J	A	U	E	P	K	P	A	N	E	V	C	O
T	I	E	H	R	V	U	E	E	L	L	L	F	K	O
I	O	Y	R	T	Z	I	P	C	O	A	O	R	X	J
A	L	S	E	L	I	J	S	K	R	B	T	P	C	V
E	Z	V	Z	A	D	T	E	A	O	O	E	W	Q	Y
R	A	C	I	E	C	O	R	B	J	R	I	P	H	A
K	O	M	P	A	T	O	D	C	I	O	C	I	U	A

ALTRUISMO
KOMPATO
KUNLABORO
DIGNO
DIPLOMATIA
HONESTECO
HOMARO
INTEGRECO
PACIENCO
FILOZOFIO
AKCEPTEBLA
RACIECO
RESPEKTA
REALISMO
SAĜO
TOLEREMO
VALOROJ

77 - Temps

E	B	J	J	M	J	K	Ŭ	I	S	L	H	Q	B	F
S	J	X	N	I	A	O	A	V	R	A	I	I	R	H
T	H	K	U	N	R	A	R	L	N	W	H	M	D	R
O	Z	X	N	U	O	D	E	B	E	C	Ŭ	C	Q	D
N	E	Ŭ	W	T	T	M	I	Q	O	N	A	O	Z	D
T	A	A	R	O	H	D	H	G	O	E	D	G	W	X
E	H	T	J	N	P	K	R	G	J	V	L	A	V	Y
C	H	N	A	J	M	O	Z	E	M	G	A	T	R	E
O	O	A	R	A	M	O	S	J	W	S	B	I	T	O
N	R	K	D	M	Y	T	N	T	H	O	D	I	A	Ŭ
E	L	J	E	E	G	K	Y	A	V	U	U	X	Z	C
T	O	Q	K	S	Y	O	M	Z	T	K	C	H	A	F
A	Ĝ	S	O	B	P	N	R	V	A	O	K	X	Q	M
M	O	T	N	E	C	R	A	J	N	K	E	W	N	Z
Z	J	A	G	M	G	P	Y	C	E	O	R	M	U	C

JARO
POST
HODIAŬ
ANTAŬ
BALDAŬ
KALENDARO
JARDEKO
ESTONTECO
HORA
HIERAŬ
HORLOĜO
TAGO
NUN
MATENO
TAGMEZO
MINUTO
MONATO
NOKTO
SEMAJNO
JARCENTO

78 - Immigration

D	C	H	Q	P	I	L	A	P	R	O	B	O	S	A
O	S	O	L	V	O	L	I	Z	T	N	Z	L	T	D
K	C	B	G	J	D	J	O	N	A	F	N	I	R	M
U	N	O	G	R	A	N	G	Ĝ	G	R	S	Y	E	I
M	P	R	O	T	E	K	T	O	O	V	E	H	Ĉ	N
E	N	E	G	O	C	A	D	O	U	J	O	U	O	I
N	T	U	R	A	O	O	H	M	V	Q	P	F	B	S
T	P	L	E	N	K	R	E	S	K	U	L	O	J	T
O	J	K	V	D	Q	I	C	H	E	R	E	Ĝ	O	R
J	I	E	K	S	X	C	X	F	N	C	H	E	M	O
S	I	T	U	A	C	I	O	G	Y	Q	S	L	I	W
S	E	Z	S	U	G	F	W	V	O	T	S	R	L	C
J	T	S	G	U	P	O	S	E	C	O	R	P	W	O
X	D	Z	F	I	N	A	N	C	A	D	O	V	U	C
L	I	M	D	A	T	O	K	O	M	U	N	I	K	O

ADMINISTRO
PLENKRESKULOJ
HELPO
APROBO
KOMUNIKO
LIMDATO
DOKUMENTOJ
INFANOJ
FINANCADO
LIMOJ
LINGVO
LOĜOJ
LEĜO
NEGOCADO
OFICIRO
PROCESO
PROTEKTO
SITUACIO
SOLVO
STREĈO

79 - Maison

F	A	J	R	O	S	B	I	G	Q	D	Y	P	Q	B
G	N	H	F	J	V	P	A	M	Y	J	E	L	R	I
A	Z	A	M	E	K	A	E	R	J	T	I	A	S	B
D	C	O	R	R	U	Ĝ	V	G	I	D	R	F	U	L
P	U	S	J	I	R	A	X	W	U	L	U	O	B	I
P	L	Ŝ	K	U	T	R	P	F	N	L	O	N	T	O
H	J	R	O	K	E	D	O	I	H	B	O	O	E	T
H	O	X	A	T	N	E	R	V	G	K	Ŝ	Ĝ	G	E
M	L	P	L	H	O	N	D	T	P	J	I	A	M	K
J	W	N	A	W	J	O	O	M	Y	K	P	R	E	O
F	Z	X	B	Ĉ	A	M	B	R	O	U	A	A	N	S
F	E	N	E	S	T	R	O	M	I	E	T	G	T	Q
L	Q	U	F	L	A	M	P	O	L	Y	R	U	O	U
A	Ŝ	L	O	S	I	L	O	J	M	U	N	H	B	J
M	U	R	O	T	E	G	M	E	N	T	O	M	K	Z

BALAO
BIBLIOTEKO
ĈAMBRO
FAJRO
ŜLOSILOJ
BARILO
KUIREJO
DUŜO
FENESTRO
GARAĜO
SUBTEGMENTO
ĜARDENO
LAMPO
SPEGULO
MURO
PLAFONO
PORDO
KURTENOJ
TAPIŜO
TEGMENTO

80 - Légumes

X	C	M	Z	J	Z	P	O	L	I	V	O	I	K	M
P	Q	E	J	Q	I	E	G	A	P	X	R	Q	U	E
L	H	Q	P	T	N	T	N	R	N	I	U	T	K	L
A	N	Z	R	O	G	R	U	T	X	B	Z	N	U	A
O	R	U	D	L	I	O	F	I	U	Y	P	O	M	N
G	X	J	I	L	B	S	V	Ŝ	A	X	W	N	O	Z
D	P	Q	U	A	R	E	K	O	T	A	L	A	S	O
N	G	Y	R	H	O	L	U	K	L	S	P	F	U	F
J	E	Z	D	S	P	O	K	O	S	O	P	A	R	A
C	E	L	E	R	I	O	U	V	P	X	K	R	I	F
A	J	L	O	V	P	W	R	X	I	O	B	O	N	X
T	O	M	A	T	O	V	B	D	N	C	T	Q	R	E
J	M	U	L	D	O	T	O	R	A	K	Q	S	Z	B
Q	D	T	R	T	I	F	I	H	C	A	Z	Z	M	U
M	R	D	V	V	X	M	K	O	O	U	E	P	X	I

AJLO
ARTIŜOKO
MELANZO
BROKOLO
KAROTO
CELERIO
FUNGO
KUKURBO
KUKUMO
SHALLOT
SPINACO
ZINGIBRO
RAPO
CEPO
OLIVO
PETROSELO
PIZO
RAFANO
SALATO
TOMATO

81 - Famille

N	P	Y	W	J	O	V	G	J	Q	C	T	X	X	O
P	E	R	I	N	F	A	N	O	O	N	I	Z	D	E
A	U	V	A	R	P	A	T	R	I	N	A	U	H	N
T	W	H	I	P	H	O	W	E	N	N	A	P	N	E
R	O	Ĝ	A	N	A	F	N	I	V	L	P	F	N	V
A	R	Q	J	F	O	T	B	X	A	G	A	R	N	O
P	T	O	C	K	Z	U	R	H	V	A	T	I	L	I
I	A	Q	E	L	U	G	A	O	I	V	R	F	U	T
E	P	S	G	P	K	V	S	N	N	O	I	X	J	N
F	R	A	T	I	N	O	W	I	O	Z	N	T	N	O
O	N	K	L	O	F	T	J	L	H	D	O	W	C	L
F	B	X	T	T	S	A	E	I	P	E	I	J	Q	O
M	T	M	F	V	Q	R	X	F	U	P	U	F	T	Y
A	O	H	M	G	H	F	O	N	K	L	I	N	O	B
Z	Y	X	N	N	P	P	Y	W	T	S	Q	N	L	G

PRAPATRO
KUZO
INFANAĜO
INFANO
INFANOJ
EDZINO
FILINO
FRATO
AVINO
AVO
EDZO
PATRINA
PATRINO
NEVO
NEVINO
ONKLO
PATRA
PATRO
FRATINO
ONKLINO

82 - Oiseaux

I	Z	A	O	O	D	Q	V	R	Q	U	E	P	C	L
S	D	A	R	D	E	O	T	U	R	T	S	A	I	Q
N	M	G	C	O	J	N	A	C	U	O	T	S	K	E
P	M	B	V	D	O	G	A	P	A	P	Y	E	O	U
H	E	E	K	I	O	I	G	U	P	B	B	R	N	I
Y	Y	L	V	K	L	C	U	Y	U	U	V	O	I	Y
D	P	F	I	O	G	N	I	M	A	L	F	V	O	E
L	L	J	F	K	A	B	V	X	C	U	W	A	N	K
H	D	X	O	S	A	N	A	F	W	J	K	P	E	D
G	R	R	L	H	R	N	S	P	M	A	O	K	V	P
K	O	L	O	M	B	O	O	E	X	I	L	G	G	Z
V	V	F	K	I	G	V	U	Y	R	J	S	W	N	H
F	O	J	U	F	X	R	C	U	O	O	E	X	I	B
V	H	A	K	W	O	O	I	F	E	H	T	W	P	E
S	T	D	D	U	U	K	Q	B	W	B	X	L	K	Y

AGLO
STRUTO
ANASO
CIKONIO
KOLOMBO
KORVO
KUKOLO
CIGNO
FLAMINGO
ARDEO
PINGVENO
PASERO
MEVO
OVO
ANSERO
PAVO
PAPAGO
PELIKANO
KOKIDO
TOUCAN

83 - Disciplines Scientifiques

S	O	C	I	O	L	O	G	I	O	V	M	S	O	B
I	M	U	N	O	L	O	G	I	O	P	D	V	B	A
O	K	I	N	A	T	O	B	M	V	M	S	X	N	R
K	U	V	T	O	I	G	O	L	O	E	T	E	M	K
I	E	T	I	O	I	M	O	T	A	N	A	G	E	E
M	Z	M	V	O	I	G	O	L	O	O	Z	V	K	O
A	U	J	I	O	I	M	O	N	O	R	T	S	A	L
N	S	W	P	O	I	G	O	L	O	K	E	Q	N	O
I	B	I	O	K	E	M	I	O	O	R	A	T	I	G
D	O	K	I	T	S	I	V	G	N	I	L	J	K	I
O	N	E	U	R	O	L	O	G	I	O	Z	L	O	O
M	S	A	G	P	F	B	I	O	L	O	G	I	O	R
R	C	M	I	N	E	R	A	L	O	G	I	O	F	B
E	P	S	I	K	O	L	O	G	I	O	B	G	M	A
T	N	F	G	E	O	L	O	G	I	O	Y	U	S	T

ANATOMIO
ARKEOLOGIO
ASTRONOMIO
BIOKEMIO
BIOLOGIO
BOTANIKO
KEMIO
EKOLOGIO
GEOLOGIO
IMUNOLOGIO
LINGVISTIKO
MEKANIKO
METEOLOGIO
MINERALOGIO
NEUROLOGIO
FIZIOLOGIO
PSIKOLOGIO
SOCIOLOGIO
TERMODINAMIKO
ZOOLOGIO

84 - Maladie

I	Q	I	X	O	L	A	A	Ĝ	A	T	N	O	K	K
K	M	H	W	S	U	K	B	W	O	Q	I	P	A	O
Z	O	U	I	P	M	U	D	F	X	F	N	E	M	R
M	P	R	N	J	B	T	O	M	A	L	F	N	I	P
T	A	H	O	E	A	A	M	S	I	N	U	S	O	O
H	N	L	B	U	C	W	E	Q	Z	H	F	S	K	K
X	E	N	F	Z	J	O	N	I	D	B	S	T	I	I
R	U	Q	X	O	I	P	A	R	E	T	R	S	T	N
X	R	W	M	N	R	R	J	E	F	F	D	E	E	O
S	O	A	I	Q	J	T	H	E	R	E	D	A	N	R
P	P	D	Q	N	B	M	A	K	C	J	C	B	E	K
I	A	D	S	I	N	D	R	O	M	O	U	W	G	M
R	T	S	J	K	I	W	N	K	F	T	Q	J	M	D
A	I	N	V	O	Q	P	R	A	U	S	A	N	O	E
J	O	I	G	R	E	L	A	D	T	O	I	E	U	M

ABDOMENAJ
AKUTA
ALERGIOJ
KRONIKO
KONTAĜA
KORPO
KORO
MALFORTA
GENETIKO
HEREDA
IMUNECO
INFLAMO
LUMBA
NEUROPATIO
OSTOJ
SPIRA
SANO
SINUSO
SINDROMO
TERAPIO

85 - Univers

E	O	P	O	K	S	E	L	E	T	P	A	S	A	G
L	K	B	I	B	L	Q	X	U	Q	V	S	U	T	A
B	Z	V	A	T	O	H	Z	G	N	Z	T	N	M	L
E	Q	S	A	L	E	I	Ĉ	P	S	O	E	A	O	A
D	O	D	U	T	I	T	A	L	J	M	R	F	S	K
I	V	A	M	S	O	K	F	Y	T	U	O	O	F	S
V	H	T	S	N	Y	R	N	D	H	L	I	Z	E	I
Q	K	A	W	T	A	D	O	J	M	L	D	L	R	O
L	M	P	J	G	R	F	O	E	A	A	O	E	O	K
K	V	Q	E	B	X	O	F	V	K	M	M	I	B	A
Y	Q	A	G	O	M	O	N	O	R	T	S	A	B	I
S	O	L	S	T	I	C	O	O	W	Z	P	D	Q	D
H	O	R	I	Z	O	N	T	O	M	Ĉ	I	E	L	O
T	J	Y	R	J	O	R	E	F	S	I	M	E	H	Z
O	R	B	I	T	O	Z	V	F	K	G	O	O	V	B

ASTEROIDO
ASTRONOMO
ASTRONOMIO
ATMOSFERO
ĈIELA
ĈIELO
KOSMA
EKVATORO
GALAKSIO
HEMISFERO
HORIZONTO
LATITUDO
LUNO
MALLUMO
ORBITO
SUNA
SOLSTICO
TELESKOPO
VIDEBLE
ZODIAKO

86 - Géographie

H	D	L	T	G	R	O	R	E	F	S	I	M	E	H
E	Q	A	Z	R	C	X	G	L	T	U	N	R	C	E
A	S	L	A	T	I	T	U	D	O	O	S	Q	V	E
O	T	N	E	N	I	T	N	O	K	O	U	M	D	P
D	U	L	X	A	N	Q	W	O	D	R	L	O	X	U
U	O	O	A	V	F	P	S	G	H	E	O	T	Y	T
S	A	I	Z	S	E	O	R	A	M	V	D	N	Y	E
S	L	G	G	M	O	N	A	I	D	I	R	E	M	R
J	T	D	R	Y	D	A	E	M	I	R	O	D	L	I
F	E	I	Z	V	N	E	C	Y	O	U	N	I	C	T
C	C	A	V	W	O	C	K	V	L	N	S	C	O	O
R	O	B	R	U	M	O	D	J	C	A	T	K	Z	R
E	P	Q	O	R	E	G	I	O	N	O	N	O	L	I
N	A	R	B	A	D	R	T	V	F	Q	M	D	Y	O
J	M	F	A	S	F	Q	Y	F	B	P	O	Z	O	K

ALTECO
ATLASO
MAPO
KONTINENTO
RIVERO
HEMISFERO
INSULO
LATITUDO
MARO
MERIDIANO
MONDO
MONTO
NORDO
OCEANO
OKCIDENTO
LANDO
REGIONO
SUDO
TERITORIO
URBO

87 - Danse

Q	K	E	K	G	H	F	N	T	M	L	H	A	W	A
M	J	O	L	D	R	V	E	M	O	C	I	O	G	K
O	X	D	A	V	K	A	E	S	P	R	I	M	A	A
V	W	G	S	B	A	D	C	O	R	U	Q	G	O	D
A	J	H	I	H	G	I	S	E	O	G	L	S	O	E
D	D	E	K	X	A	V	H	N	K	N	F	A	O	M
O	Z	C	A	I	D	N	O	Z	K	S	D	R	M	I
H	O	W	T	B	N	O	E	O	K	I	Z	U	M	O
I	H	F	S	F	W	P	Q	M	Q	N	E	T	W	X
P	A	R	T	N	E	R	O	T	M	T	S	L	S	I
A	K	U	L	T	U	R	O	I	E	E	M	U	V	V
R	R	A	I	C	I	D	A	R	T	N	J	K	Y	G
O	V	T	J	Y	A	M	T	I	G	O	V	O	R	P
J	T	E	O	O	I	F	A	R	G	E	R	O	K	S
S	T	S	V	Z	Ĝ	D	N	P	T	J	Q	I	F	H

AKADEMIO
ARTO
KOREGRAFIO
KLASIKA
KORPO
KULTURO
KULTURA
ESPRIMA
EMOCIO
GRACE
ĜOJA
MOVADO
MUZIKO
PARTNERO
SINTENO
PROVO
RITMO
TRADICIA
VIDA

88 - Bâtiments

H	K	Z	Y	O	R	U	T	S	T	A	D	I	O	C
K	A	S	T	E	L	O	D	A	S	A	B	M	A	D
K	U	M	T	F	A	A	U	E	M	P	M	N	L	R
A	Z	P	O	I	R	O	T	A	V	R	E	S	B	O
B	I	F	D	V	W	F	S	I	S	T	L	Q	L	A
A	N	I	N	C	O	L	B	L	P	J	E	B	E	P
N	O	L	E	T	B	K	C	C	S	S	D	S	R	A
O	W	H	T	M	K	G	A	R	A	Ĝ	O	M	N	R
L	A	B	O	R	A	T	O	R	I	O	R	H	E	T
E	G	R	E	N	E	J	O	O	E	P	T	L	J	A
T	Y	R	T	E	V	S	M	W	N	S	A	B	O	M
O	R	A	Z	A	B	R	E	P	U	S	E	M	Z	E
H	N	K	E	P	Q	U	H	R	W	G	T	X	D	N
U	N	I	V	E	R	S	I	T	A	T	O	Q	I	T
H	F	K	K	M	U	Z	E	O	H	A	M	V	A	O

AMBASADO
APARTAMENTO
KABANO
KASTELO
KINO
LERNEJO
GARAĜO
GRENEJO
HOSPITALO
HOTELO
LABORATORIO
MUZEO
OBSERVATORIO
STADIO
SUPERBAZARO
TENDO
TEATRO
TURO
UNIVERSITATO
UZINO

89 - Livres

L	P	A	R	U	M	U	H	Y	L	L	W	G	H	K
E	J	V	J	U	A	K	I	G	A	R	T	N	L	O
G	F	E	M	X	I	H	I	N	M	N	T	V	D	L
A	A	N	P	A	A	P	J	J	V	Y	S	C	U	E
N	R	T	R	X	A	F	I	U	K	E	G	B	E	K
T	O	U	A	I	R	O	T	S	I	H	N	P	C	T
O	M	R	K	O	W	Ĝ	E	A	E	X	A	T	O	O
I	A	O	O	D	P	A	P	P	Ŭ	J	C	X	A	I
K	N	K	N	O	M	P	O	Y	O	T	K	L	Y	R
T	O	N	T	Q	L	G	P	T	Z	E	O	F	X	E
B	B	B	O	V	E	L	E	R	M	S	M	R	S	S
P	O	E	Z	I	O	H	A	E	Z	S	Q	O	O	X
L	I	T	E	R	A	T	U	R	A	E	W	A	G	X
E	R	A	K	O	N	T	A	N	T	O	Z	S	I	C
K	U	N	T	E	K	S	T	O	N	M	Z	L	O	O

AŬTORO
AVENTURO
KOLEKTO
KUNTEKSTO
DUECO
EPOPEA
RAKONTO
HISTORIA
HUMURA
INVENTA
LEGANTO
LITERATURA
RAKONTANTO
PAĜO
RELEVO
POEMO
POEZIO
ROMANO
SERIO
TRAGIKA

90 - Pays #2

U	Y	W	C	O	F	L	K	A	S	W	W	Z	Y	E
L	T	S	K	N	B	P	X	V	K	W	J	K	Y	Z
U	O	J	N	E	K	O	G	K	O	W	T	Z	E	V
L	G	C	A	E	K	T	T	M	I	O	M	P	M	L
I	J	A	E	M	S	U	D	A	N	O	I	S	U	R
B	A	J	N	E	A	Q	I	X	A	K	I	H	A	B
A	P	V	D	D	K	J	F	O	B	I	I	R	O	C
N	A	U	O	Y	O	H	K	S	L	S	Z	U	I	U
O	N	Y	M	H	D	C	L	O	A	K	J	M	N	S
I	I	Y	L	N	N	K	U	A	G	E	C	K	I	S
N	O	I	T	I	A	H	W	L	K	M	O	Z	Ĉ	R
A	A	Y	V	R	L	I	N	D	O	N	E	Z	I	O
D	W	X	A	Q	R	P	A	K	I	S	T	A	N	O
S	O	M	A	L	I	O	I	C	N	A	R	F	J	Z
U	K	R	A	I	N	I	O	L	C	H	L	Z	I	X

ALBANIO
ĈINIO
DANIO
FRANCIO
HAITIO
INDONEZIO
IRLANDO
JAMAJKO
JAPANIO
KENJO
LAOSO
LIBANO
MEKSIKO
UGANDO
PAKISTANO
RUSIO
SOMALIO
SUDANO
SIRIO
UKRAINIO

91 - Fournitures d'Art

A	C	V	B	A	I	M	L	V	M	T	L	J	F	Z
E	K	P	J	K	B	A	K	E	G	Z	E	P	O	L
S	G	V	L	V	L	W	L	J	I	J	P	D	K	E
T	G	K	A	O	L	I	G	R	A	B	J	O	A	J
A	L	R	X	R	K	R	A	J	O	N	O	J	R	G
B	U	E	O	R	E	P	A	P	Ĝ	Y	S	O	B	N
L	O	A	L	L	Y	L	A	M	E	U	O	R	O	E
O	W	V	B	P	W	C	O	S	S	C	R	O	P	R
M	J	O	A	K	F	M	K	J	T	R	B	L	B	A
A	F	O	T	I	L	O	I	O	F	E	J	O	R	S
O	I	D	K	V	E	N	L	E	Q	B	L	K	J	E
D	L	A	X	X	W	U	I	D	V	O	G	O	A	R
A	U	E	C	J	T	T	R	I	N	L	N	Z	J	B
H	I	U	O	X	J	F	K	I	N	K	O	U	E	B
O	W	J	S	C	M	L	A	V	P	K	O	R	D	J

AKRILIKO
AKVARELOJ
ARGILO
BROSOJ
FOTILO
SEĜO
KARBO
ESTABLO
GLUO
KOLOROJ
KRAJONOJ
KREAVO
AKVO
INKO
ERASER
OLEO
IDEOJ
PAPERO
PASTELOJ
TABLO

92 - Jazz

Ŝ	I	H	K	M	K	M	A	L	N	O	V	A	Y	V
A	M	A	O	A	U	A	W	X	U	T	H	Z	S	V
T	P	J	N	E	C	Z	N	R	Y	O	B	E	I	K
A	R	Y	C	D	X	O	I	T	V	W	X	Y	K	Q
T	O	A	E	K	Q	X	E	K	O	Z	A	F	M	E
O	V	A	R	B	O	R	A	V	O	L	I	T	S	Q
J	I	B	T	V	M	M	T	A	M	B	U	R	O	J
I	Z	H	O	V	T	A	P	W	E	V	P	W	T	O
B	O	M	T	D	I	S	H	O	K	I	N	K	E	T
C	G	V	S	G	R	G	M	C	N	W	B	S	I	N
J	D	A	I	M	V	N	A	K	Q	A	M	A	F	E
E	B	N	T	W	T	A	D	Y	H	V	D	O	F	L
G	O	O	R	T	S	E	K	R	O	O	A	O	Q	A
D	P	O	A	A	L	B	U	M	O	N	K	S	Y	T
K	O	M	P	O	N	I	S	T	O	Y	U	N	Z	G

EMFAZO
ALBUMO
ARTISTO
FAMA
KANTO
KOMPONISTO
KOMPONADO
KONCERTO
ŜATATOJ
VARO

IMPROVIZO
MUZIKO
NOVA
ORKESTRO
RITMO
STILO
TALENTO
TAMBUROJ
TEKNIKO
MALNOVA

93 - Paysages

G	K	P	Q	J	M	H	U	L	Q	E	T	N	F	L
O	A	I	J	M	A	R	Ĉ	O	Ĝ	A	L	P	X	B
L	V	G	G	P	O	L	Q	L	A	G	O	G	W	Q
F	E	L	D	R	T	Z	R	P	E	W	V	V	H	S
O	R	A	M	M	R	V	A	K	V	O	F	A	L	O
R	N	C	I	O	E	U	T	O	L	U	S	N	I	L
E	O	E	P	N	Z	L	P	R	R	G	J	F	L	A
V	I	B	E	T	E	K	B	D	U	E	X	P	J	V
I	S	E	N	O	D	A	Z	N	D	J	C	P	V	U
R	L	R	I	V	S	N	W	U	A	S	F	A	T	N
W	K	G	N	B	C	O	Y	T	I	E	S	W	L	Q
M	C	O	S	E	I	W	R	C	C	R	T	U	H	G
Z	G	C	U	P	B	Z	J	L	Q	O	E	K	K	U
C	S	T	L	A	I	W	O	C	E	A	N	O	M	H
Z	Z	Y	O	D	W	O	S	S	R	G	W	V	O	F

AKVOFALO
DEZERTO
RIVERO
GEJSERO
GLACERO
GOLFO
KAVERNO
GLACEBERGO
INSULO
LAGO
MARĈO
MARO
MONTO
OAZO
OCEANO
PENINSULO
PLAĜO
TUNDRO
VALO
VULKANO

94 - Pays #1

A	F	G	A	N	I	O	L	E	U	Z	E	N	E	V
I	S	R	A	E	L	O	D	A	N	A	K	N	J	H
R	U	M	A	N	I	O	G	R	Z	C	V	B	S	I
P	A	N	A	M	O	G	R	E	G	O	A	R	L	S
B	R	N	O	N	M	I	T	W	I	I	D	A	I	P
E	A	I	F	D	S	O	N	L	W	G	O	Z	B	A
B	R	R	K	R	M	N	W	A	Y	E	R	I	I	N
J	W	U	A	H	R	A	P	W	M	V	O	L	O	I
C	Q	T	J	T	Y	V	L	M	O	R	M	O	I	O
K	D	Z	Y	Z	O	I	Q	I	E	O	E	V	O	K
F	I	L	I	P	I	N	O	J	O	N	W	G	V	O
A	R	G	E	N	T	I	N	O	M	B	N	J	M	R
Z	U	A	O	N	I	K	A	R	A	G	V	O	R	A
F	I	N	N	L	A	N	D	O	F	C	Y	F	O	M
V	U	R	R	M	A	P	O	L	L	A	N	D	O	Y

AFGANIO
GERMANIO
ARGENTINO
BRAZILO
KANADO
HISPANIO
EKVADORO
FINNLANDO
BARATO
ISRAELO
LIBIO
MALIO
MAROKO
NIKARAGVO
NORVEGIO
PANAMO
FILIPINOJ
POLLANDO
RUMANIO
VENEZUELO

95 - Nombres

D	V	E	M	T	O	F	Z	P	R	P	M	T	R	I
T	E	W	N	I	V	K	K	E	D	D	E	K	D	U
V	R	K	S	I	N	E	E	B	J	U	C	N	L	D
P	X	I	N	Z	U	D	F	D	A	B	H	K	S	H
K	L	Z	B	A	L	U	N	A	B	X	P	V	U	Q
P	O	W	X	L	Ŭ	D	K	V	O	H	U	I	T	K
H	P	X	E	A	A	M	Q	E	W	F	S	N	C	C
N	M	T	D	M	N	P	S	Z	F	L	W	L	A	F
E	W	D	D	I	B	Y	S	E	S	U	P	Z	E	K
W	J	P	Z	C	D	E	K	O	K	L	G	H	D	O
D	K	S	P	E	U	W	D	E	K	T	R	I	E	H
G	T	E	L	D	J	U	X	W	X	G	A	C	K	A
H	F	P	E	S	K	E	D	H	Z	X	V	L	S	J
E	K	U	T	T	A	Y	Q	R	A	V	K	K	E	D
T	D	G	J	P	F	U	F	K	Z	Z	K	U	S	D

KVIN
DU
DECIMALA
DEK
DEK OK
DEK NAŬ
DEK SEP
DEK DU
OK
NAŬ
DEK KVAR
KVAR
DEK KVIN
DEK SES
SEP
SES
DEK TRI
TRI
DUDEK
NUL

96 - Psychologie

S	E	N	K	O	N	S	C	I	A	J	K	D	F	Z
P	E	R	C	E	P	T	O	S	E	O	L	A	E	R
O	I	P	A	R	E	T	T	P	A	Ĝ	I	P	N	T
W	Y	R	Z	E	W	V	A	L	N	N	N	E	N	B
S	G	H	H	I	G	J	F	K	Y	O	I	N	Q	M
N	O	M	U	M	O	O	V	Q	S	S	K	S	O	I
K	D	V	U	I	J	T	I	S	R	O	A	O	O	O
S	K	I	T	E	C	R	E	S	Z	U	B	J	B	C
E	O	J	D	M	O	E	Z	V	M	G	B	W	P	E
N	N	G	V	E	L	P	P	V	I	O	L	Z	M	N
T	D	M	B	B	O	S	P	R	O	B	L	E	M	O
O	U	R	H	L	O	J	O	I	C	O	M	E	M	S
O	T	K	I	L	F	N	O	K	F	P	F	Y	B	R
J	O	Ĝ	A	N	A	F	N	I	E	G	L	J	Q	E
S	U	B	K	O	N	S	C	I	A	N	Y	S	M	P

KLINIKA
KONDUTO
KONFLIKTO
EGOISMO
INFANAĜO
SPERTOJ
EMOCIOJ
TAKSO
IDEOJ
SENKONSCIA
PENSOJ
PERCEPTO
PERSONECO
PROBLEMO
NOMUMO
REALO
SONĜOJ
SENTO
SUBKONSCIA
TERAPIO

97 - Nature

P	N	M	S	O	D	S	G	L	A	C	E	R	O	W
C	E	F	J	O	I	L	O	F	R	V	U	M	Ĝ	O
O	M	J	O	T	V	Z	K	N	N	I	H	R	U	J
M	A	M	T	R	A	A	C	A	P	X	V	A	F	V
J	L	F	N	E	O	N	Ĝ	N	D	Q	K	E	I	X
D	H	K	O	Z	C	N	F	A	H	G	O	C	R	F
Q	A	A	M	E	N	U	B	O	J	G	N	E	O	O
E	V	K	B	D	Z	Y	J	I	Q	O	R	G	Z	I
A	E	I	B	E	N	E	B	U	L	O	A	O	X	Z
R	B	M	T	T	L	W	O	R	W	S	O	R	B	O
K	L	A	T	J	W	O	S	B	I	Z	N	A	E	R
T	A	N	A	R	V	N	J	O	T	S	E	B	L	E
O	A	I	T	R	O	P	I	K	A	N	E	R	E	S
T	F	D	R	R	Y	Y	T	F	F	F	Z	A	C	H
H	E	I	L	S	E	U	J	A	T	O	Q	H	O	U

ABELOJ
BESTOJ
ARKTO
BELECO
NEBULO
DEZERTO
DINAMIKA
EROZIO
FOLIOJ
RIVERO

ARBARO
GLACERO
MONTOJ
NUBOJ
PACA
RIFUĜO
SOVAĜA
SERENA
TROPIKA
NEMALHAVEBLA

98 - Chimie

E	J	O	N	E	G	O	R	D	I	H	O	I	T	E
A	L	A	K	L	A	A	N	A	B	Q	J	O	R	N
Q	N	E	E	S	Q	Z	I	A	T	O	U	R	K	Z
U	G	A	K	P	I	K	S	W	K	O	D	U	A	I
N	S	U	J	T	W	G	A	I	H	J	M	T	T	M
Y	L	Z	C	P	R	K	E	U	D	O	E	A	A	O
Y	X	R	C	Q	P	O	R	N	X	N	V	R	L	Z
M	E	T	A	L	O	J	N	O	O	O	G	E	I	E
R	S	S	T	D	K	C	D	O	D	L	A	P	Z	P
L	H	A	E	L	K	U	N	R	I	U	Z	M	I	T
M	D	L	L	I	K	V	A	O	C	K	O	E	L	V
H	Q	O	E	D	R	V	Z	L	A	E	M	T	O	L
K	A	R	B	O	N	O	P	K	C	L	R	H	Z	T
F	T	N	I	Y	L	Z	S	L	T	O	A	H	C	S
Q	C	U	P	C	Z	F	G	G	O	M	V	Z	C	Q

ACIDO
ALKALA
ATOMA
KARBONO
KATALIZILO
VARMO
KLORO
ENZIMO
ELEKTRONO
GAZO
HIDROGENO
JONO
LIKVA
METALOJ
MOLEKULO
NUKLEA
OKSIGENO
PEZO
SALO
TEMPERATURO

99 - Bateaux

F	L	O	S	O	M	A	R	O	T	S	A	M	L	P
H	A	R	P	U	R	Y	Q	L	V	P	K	D	X	R
O	X	E	M	B	T	U	K	E	E	M	I	W	H	I
H	E	V	Y	C	D	G	N	L	L	R	T	P	K	M
F	I	I	K	A	N	U	O	Ŝ	Ŝ	W	Ŭ	F	Y	O
D	B	R	E	S	W	J	N	I	I	Z	A	M	N	P
H	L	L	F	E	O	B	A	G	P	C	N	Q	E	I
B	F	G	Y	C	O	J	E	M	O	L	A	J	Z	K
S	N	O	J	S	N	O	C	A	K	A	A	B	Q	S
N	G	M	M	W	D	J	O	R	A	A	Q	G	Y	M
U	Z	Z	A	R	O	G	P	I	J	S	P	E	O	A
J	Z	S	A	N	J	I	C	S	A	G	P	J	D	R
J	A	Ĉ	T	O	K	I	X	T	K	W	C	A	G	E
M	O	T	O	R	O	R	W	O	O	B	N	L	I	Y
C	P	L	B	Q	E	L	O	G	Z	T	T	R	W	O

ANKRO
BUO
KANUO
ŜNURO
SKIPO
PRIMO
RIVERO
KAJAKO
LAGO
MARISTO
MARE
MASTO
MARO
MOTORO
NAŬTIKA
OCEANO
FLOSO
ONDOJ
VELŜIPO
JAĈTO

100 - Mesures

E	P	V	U	L	R	J	P	L	A	L	T	O	T	B
E	Z	O	N	X	O	D	Q	J	A	T	M	M	U	A
N	J	L	C	W	O	R	S	W	U	R	R	B	N	J
G	U	U	O	M	A	R	G	P	S	G	Ĝ	Z	O	T
C	K	M	M	S	F	M	U	O	K	E	P	O	L	O
E	I	O	A	L	A	M	I	C	E	D	V	D	J	A
N	L	O	R	T	E	M	E	P	H	V	M	A	N	J
T	O	G	G	L	P	E	Z	O	B	C	F	R	G	S
I	M	N	O	J	I	L	E	A	Z	Y	H	G	V	V
M	E	O	L	P	P	T	M	T	S	V	D	I	Y	C
E	T	L	I	N	T	Q	R	G	B	Z	L	F	C	O
T	R	K	K	K	W	M	E	O	T	U	N	I	M	L
R	O	X	B	X	L	H	E	H	S	D	D	X	P	O
O	D	N	U	F	O	R	P	A	D	T	S	V	V	L
N	C	F	B	X	Y	U	D	C	G	B	T	E	V	D

CENTIMETRO
GRADO
DECIMALA
GRAMO
ALTO
KILOGRAMO
KILOMETRO
LARĜO
LITRO
LONGO
MASO
METRO
MINUTO
BAJTO
UNCO
PEZO
COLO
PROFUNDO
TUNO
VOLUMO

1 - Adjectifs #2

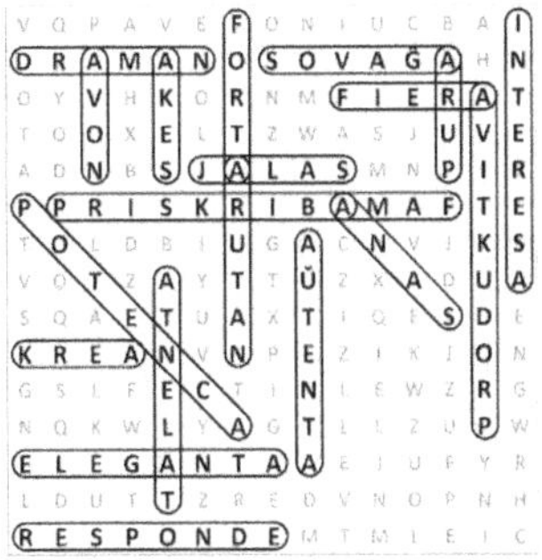

2 - Formes

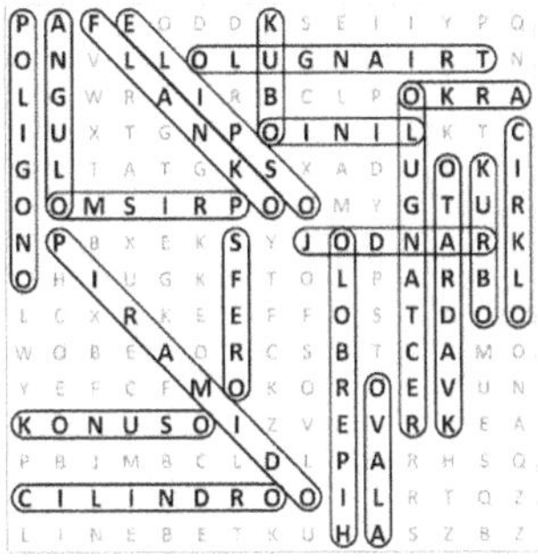

3 - Force et Gravité

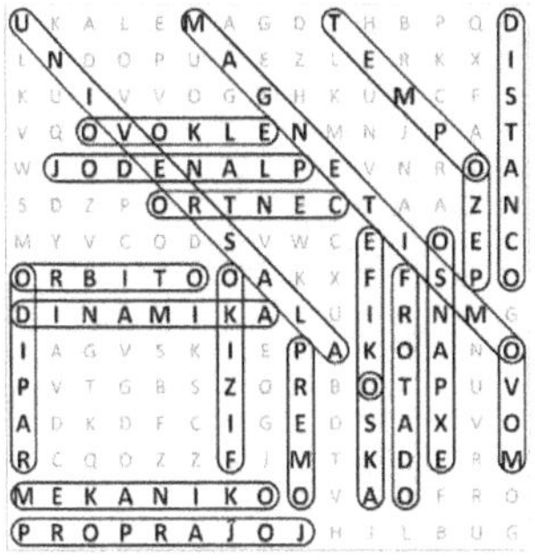

4 - Adjectifs #1

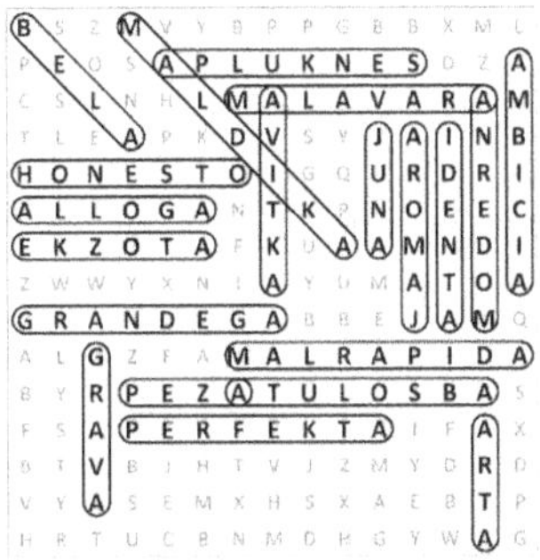

5 - Herboristerie

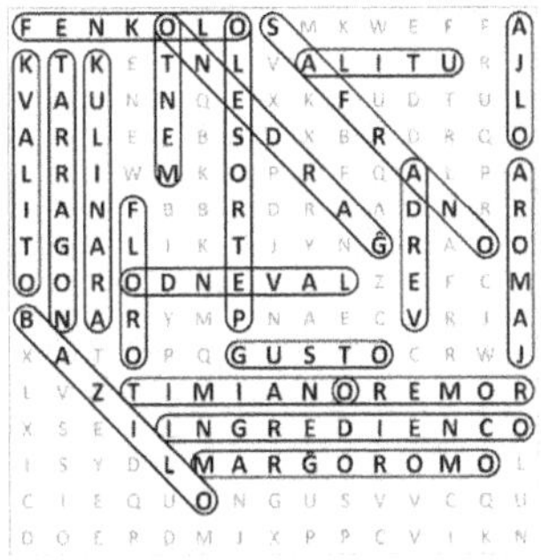

6 - Véhicules

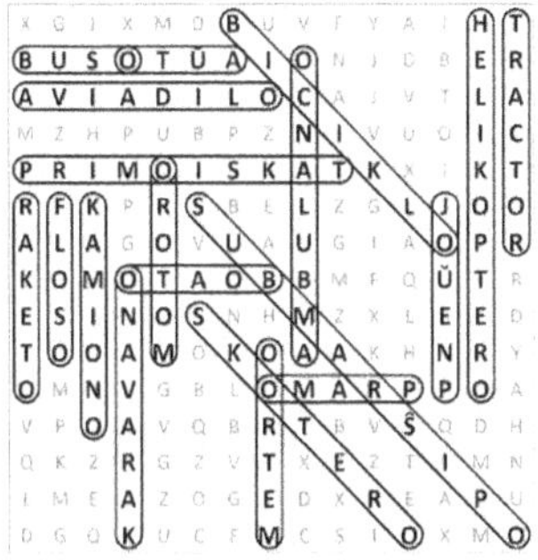

7 - Camping

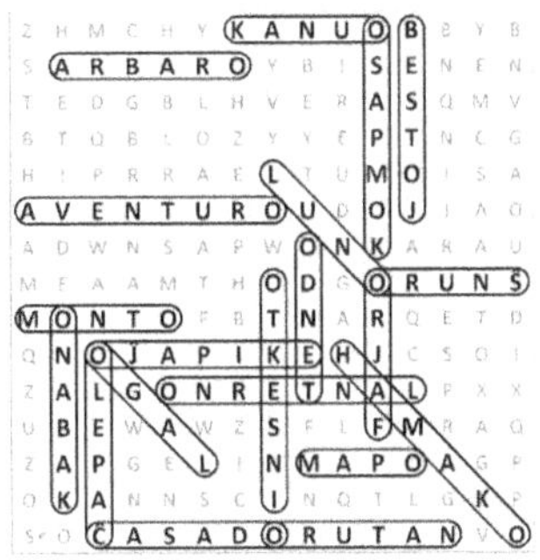

8 - Écologie

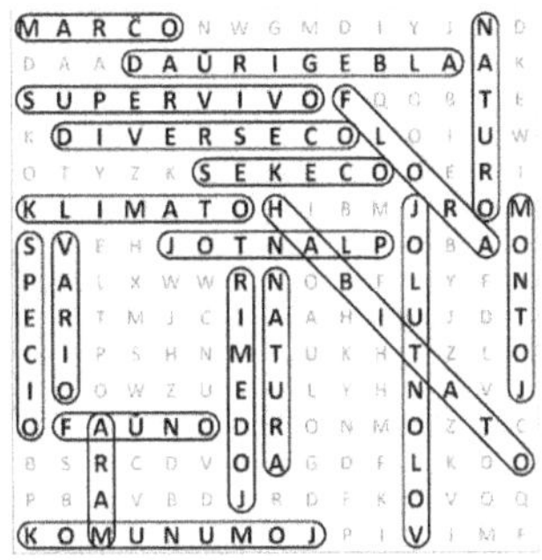

9 - Géométrie

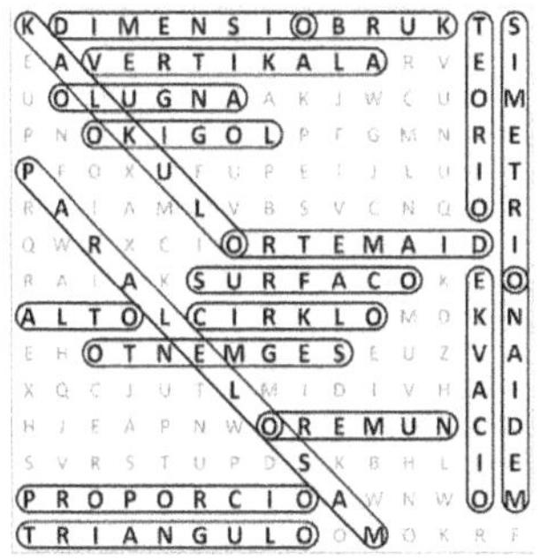

10 - Les Médias

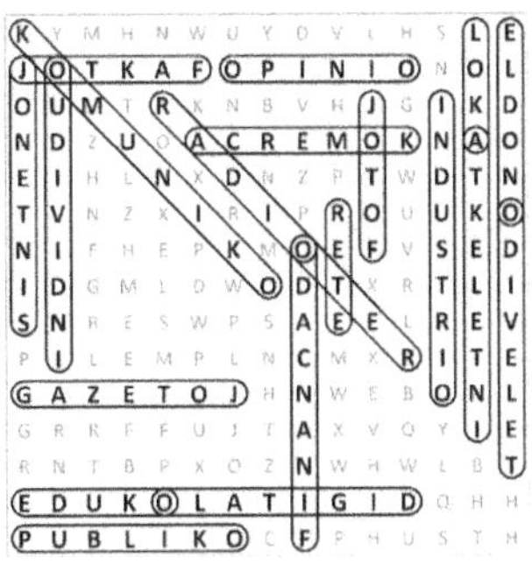

11 - Philanthropie

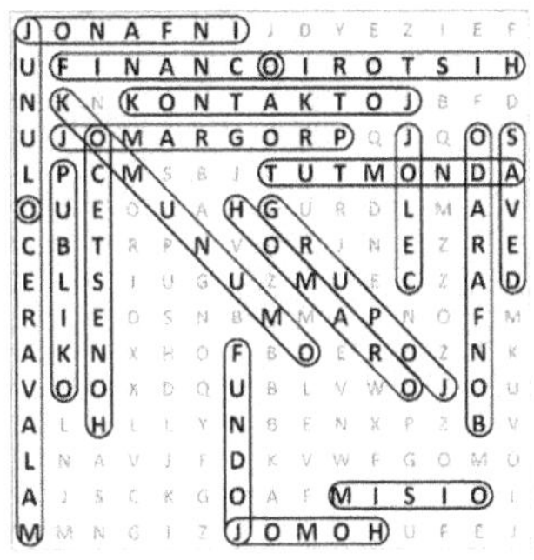

12 - Diplomatie

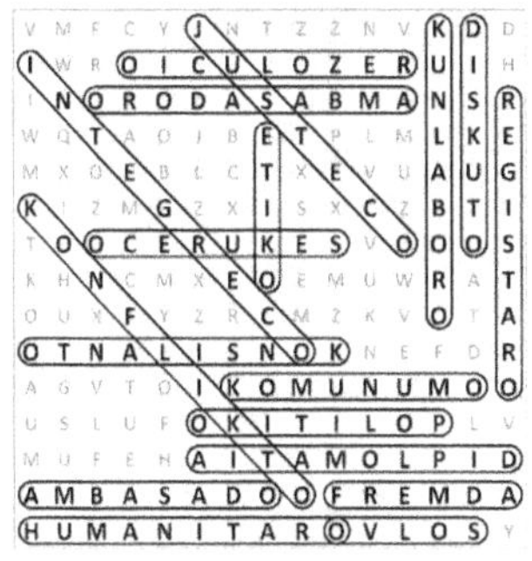

13 - Électricité

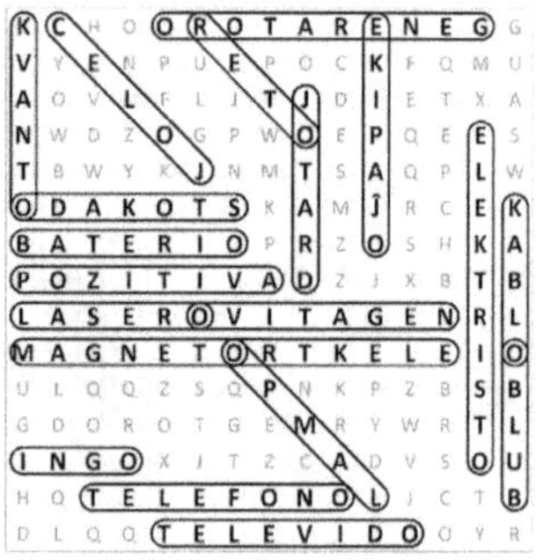

14 - Astronomie

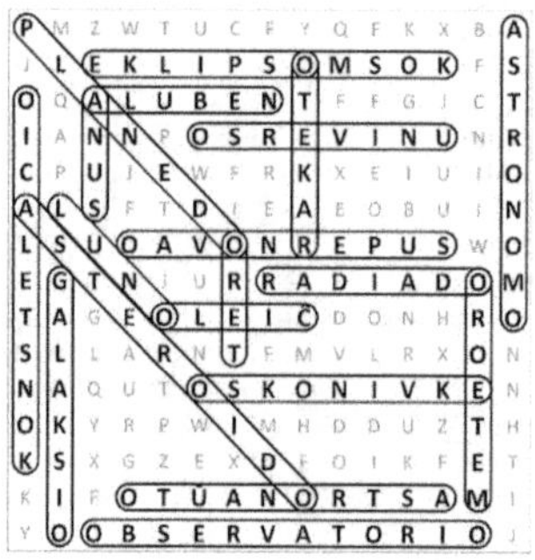

15 - Physique

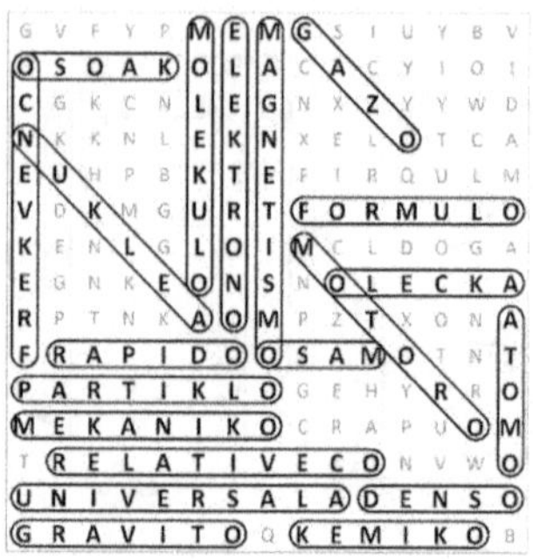

16 - Types de Cheveux

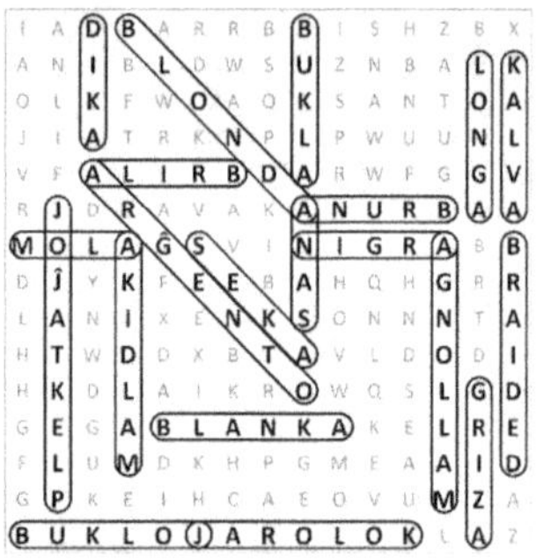

17 - Archéologie

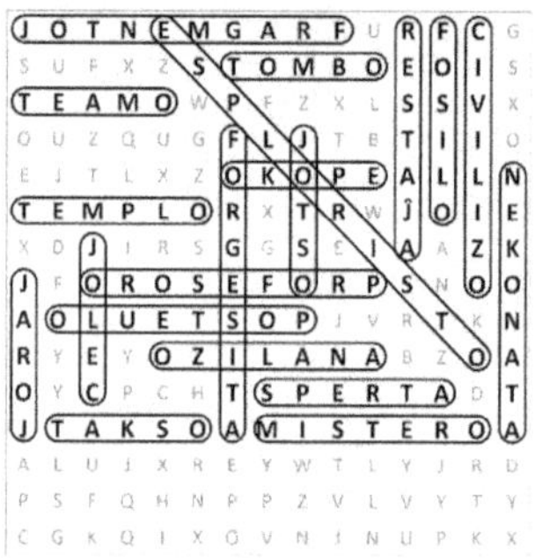

18 - Mammifères

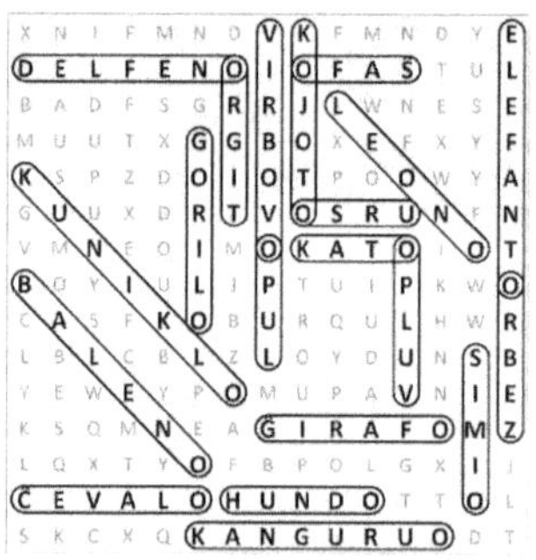

19 - Mathématiques

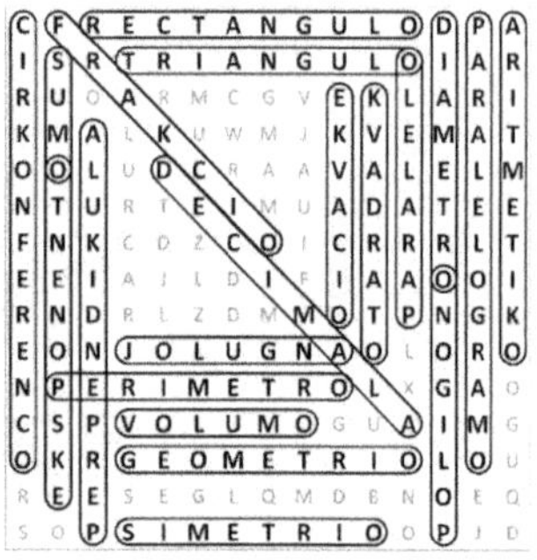

20 - Mythologie

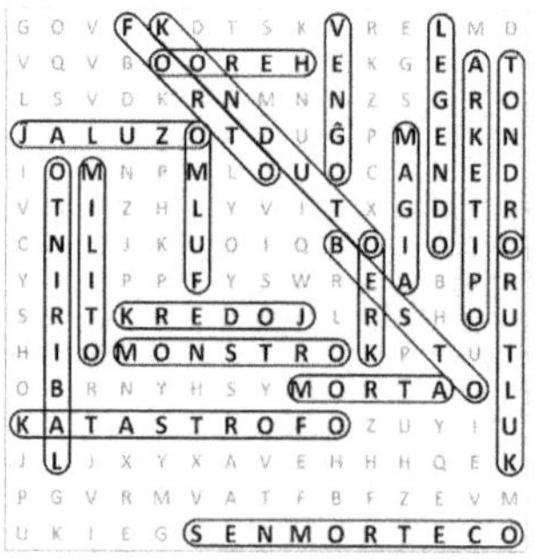

21 - Restaurant #2

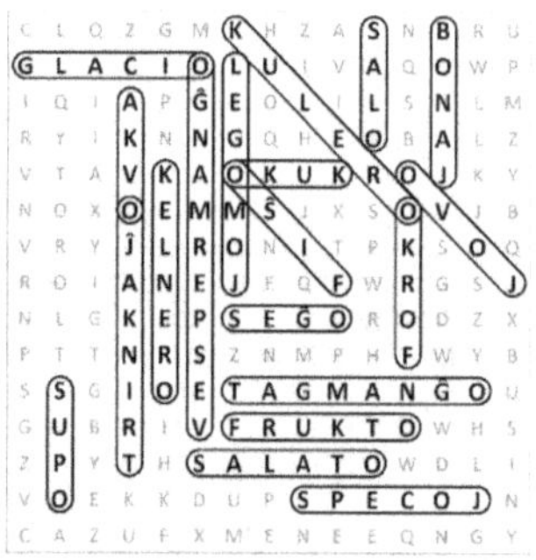

22 - Beauté

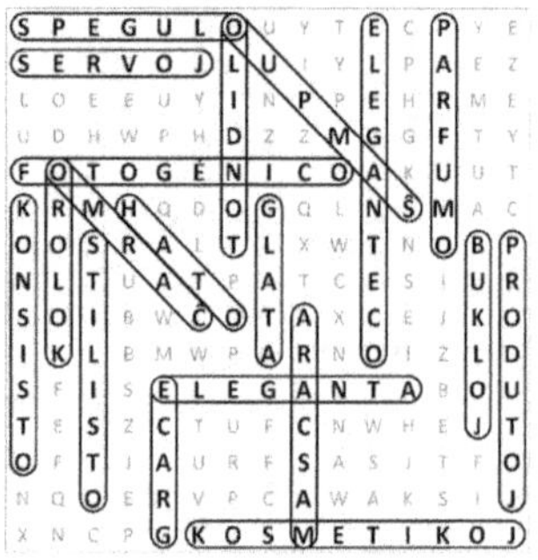

23 - Avions

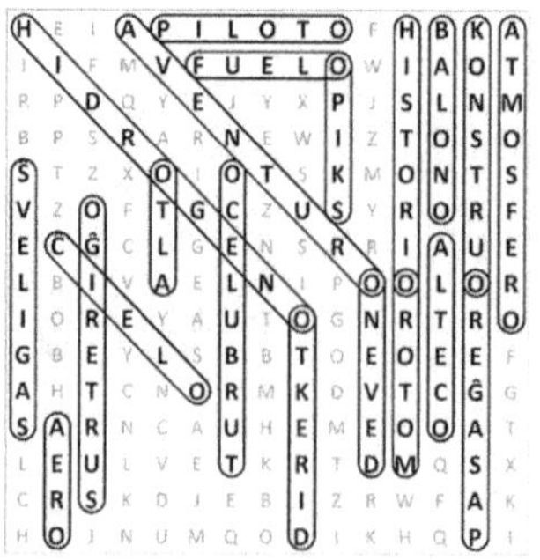

24 - Aventure

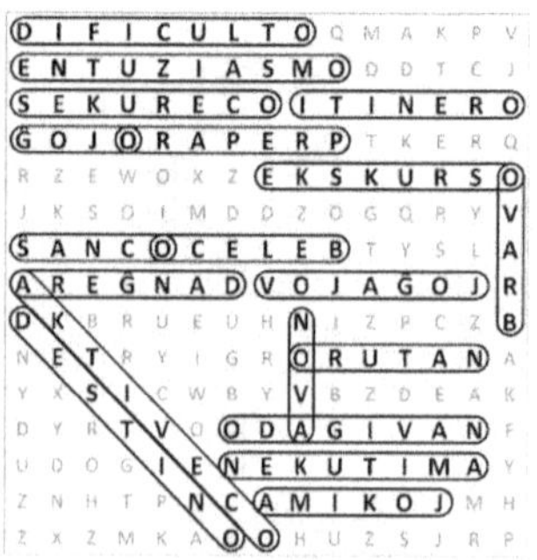

25 - Ville

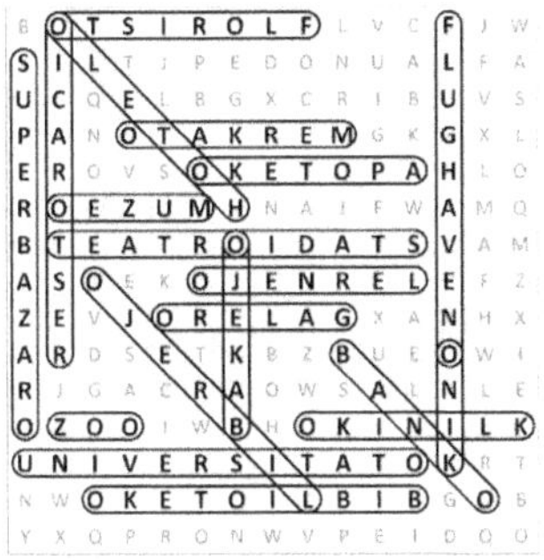

26 - Ingénierie

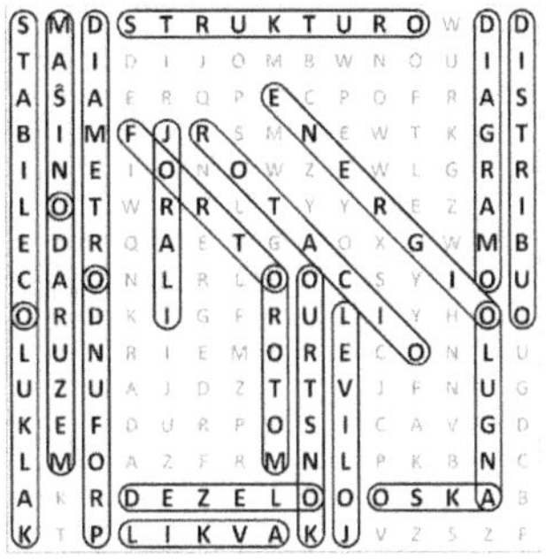

27 - Énergie

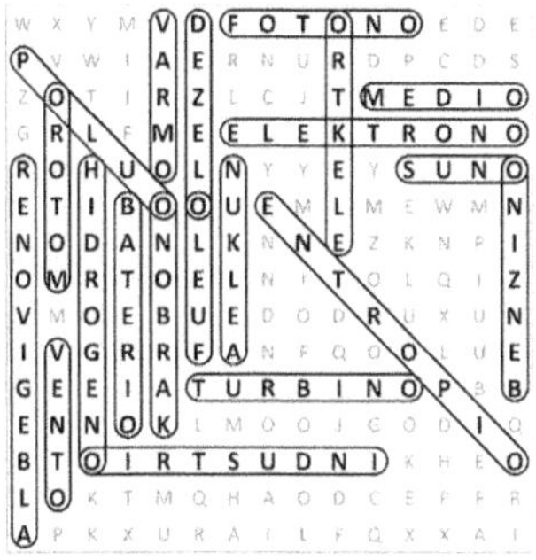

28 - Cuisine

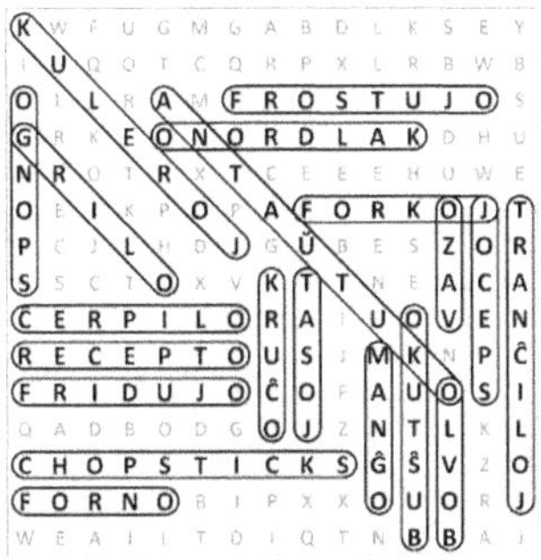

29 - Corps Humain

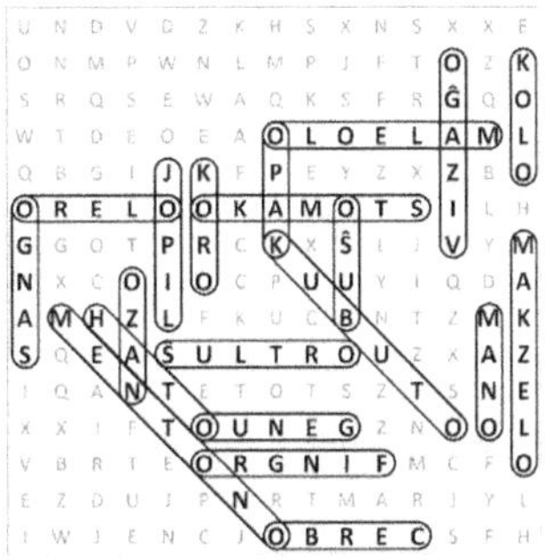

30 - Biologie

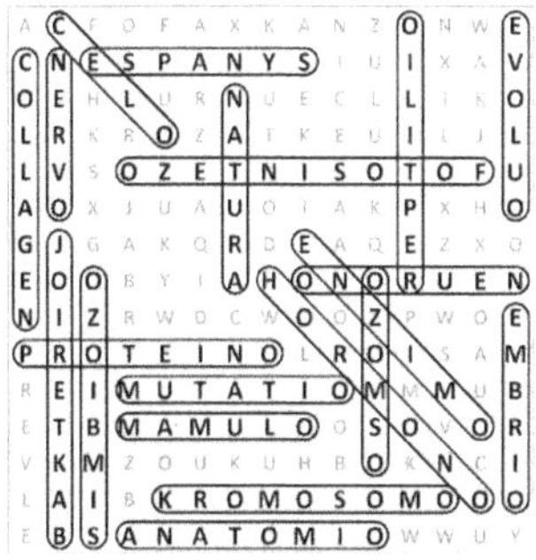

31 - Épices

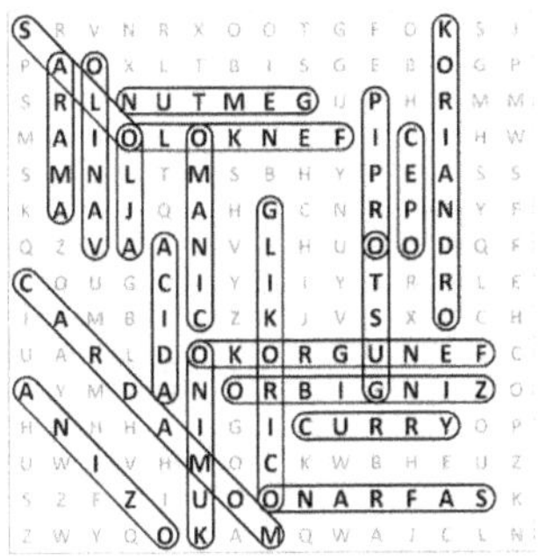

32 - Agronomie

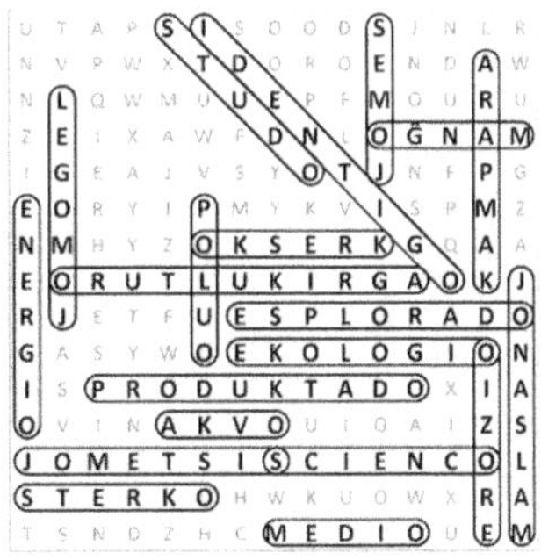

33 - Science

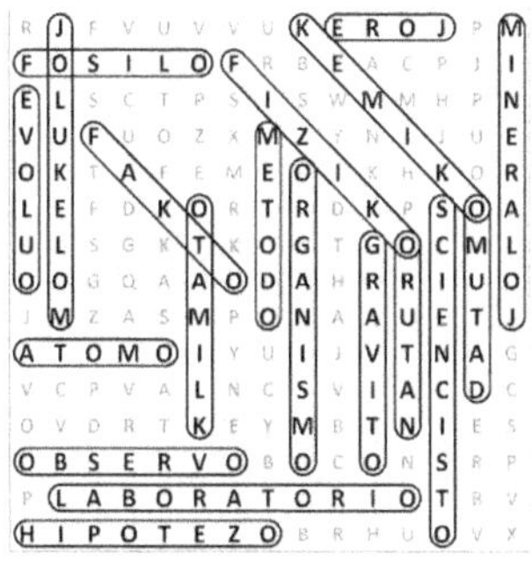

34 - Vêtements

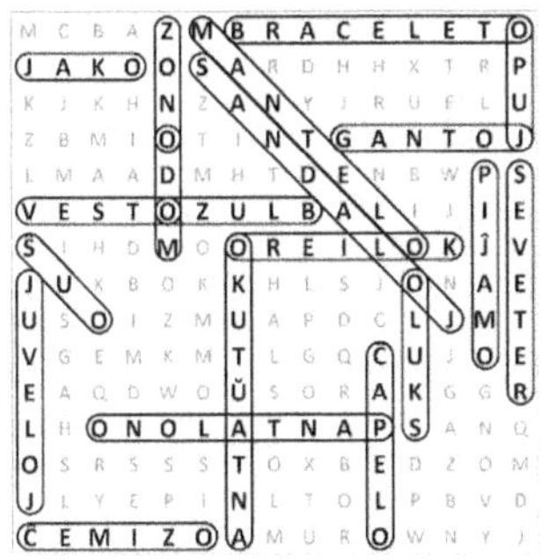

35 - Arts Visuels

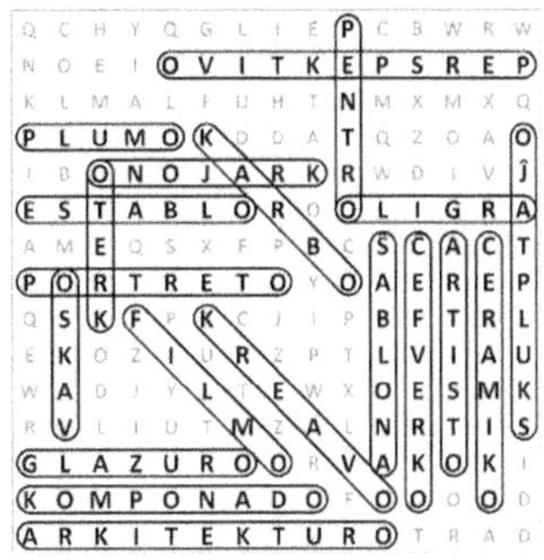

36 - Méditation

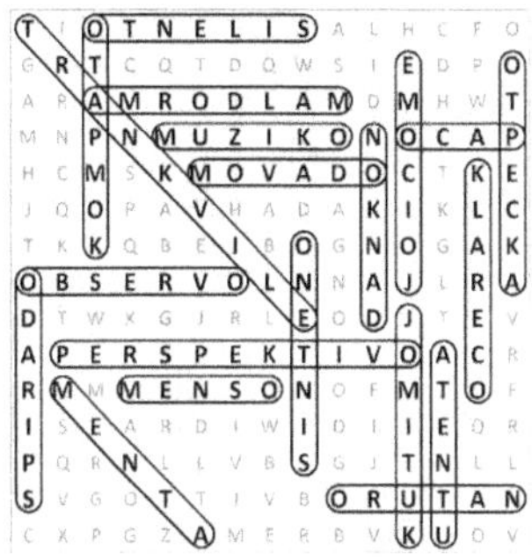

37 - Littérature

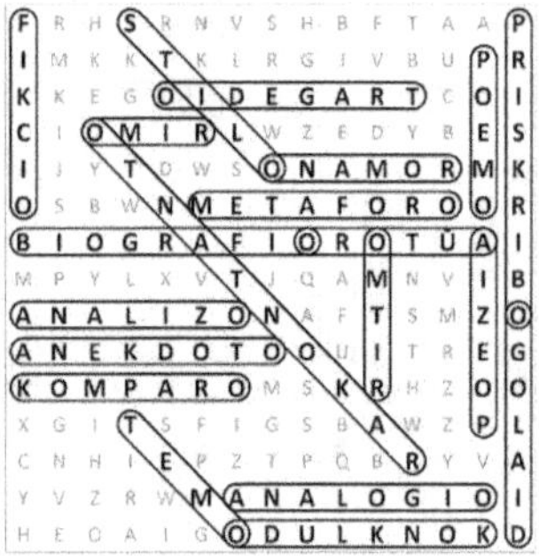

38 - Nourriture #1

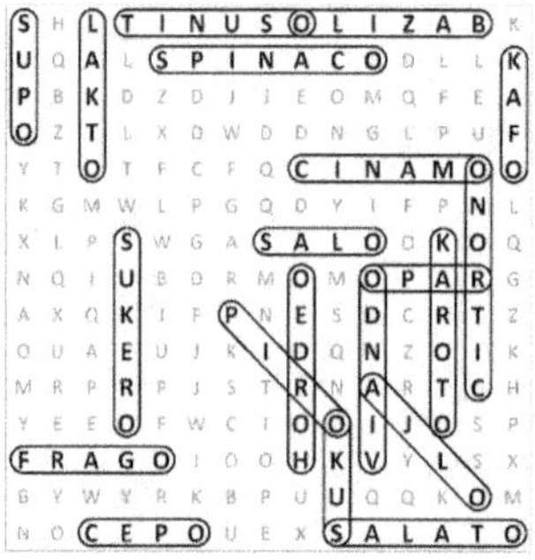

39 - Jours et Mois

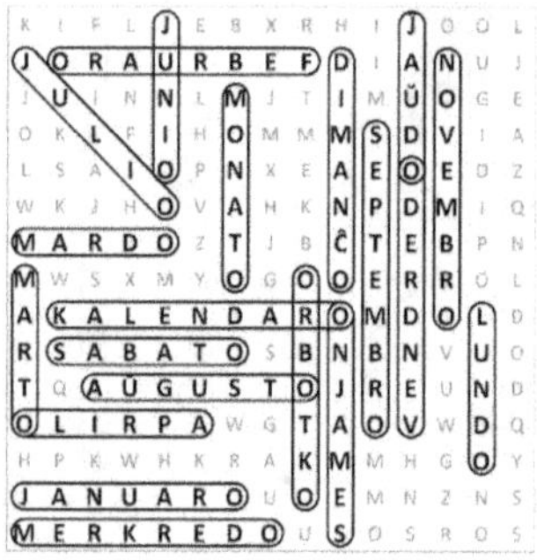

40 - Jardinage

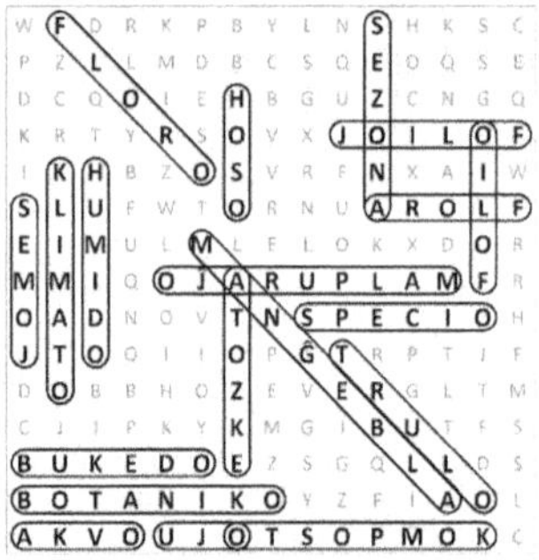

41 - Entreprise

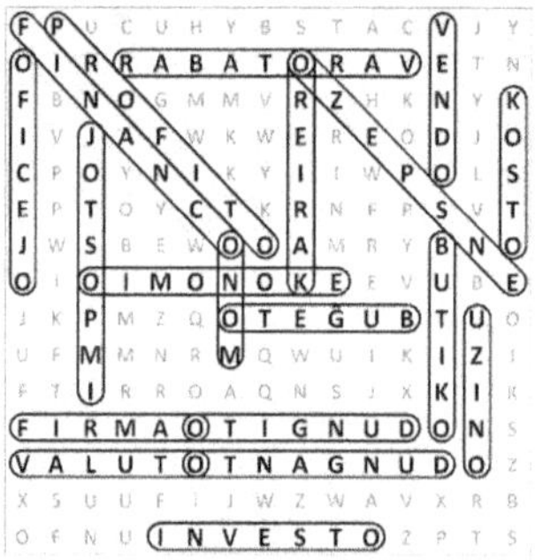

42 - Activités

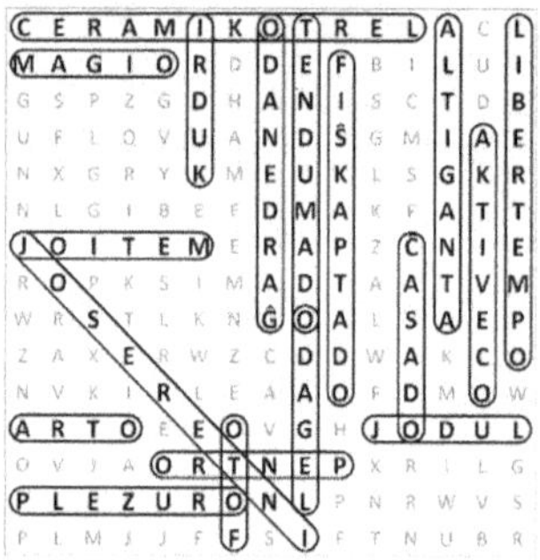

43 - Mode

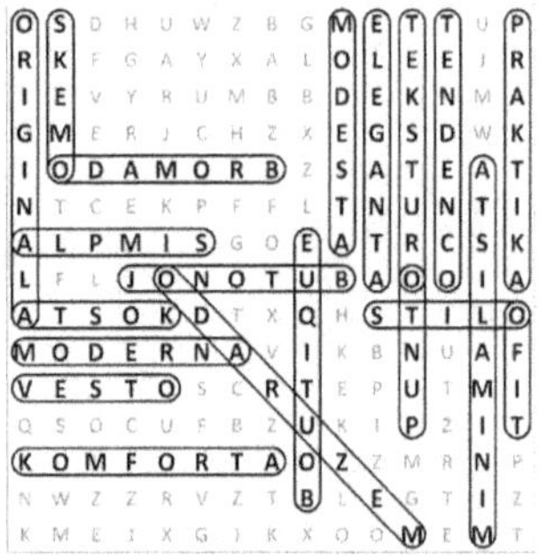

44 - Nourriture #2

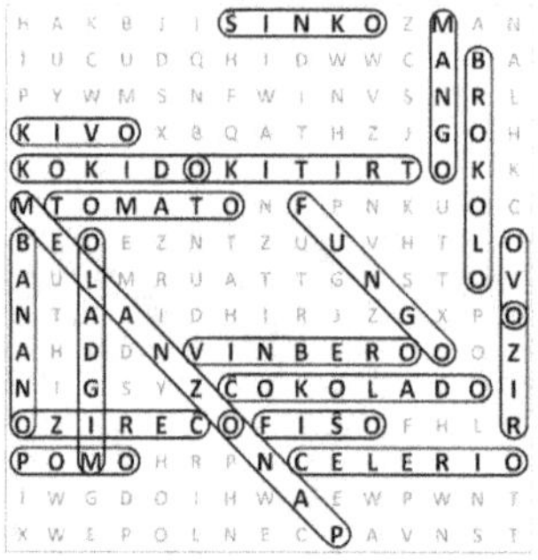

45 - Algèbre

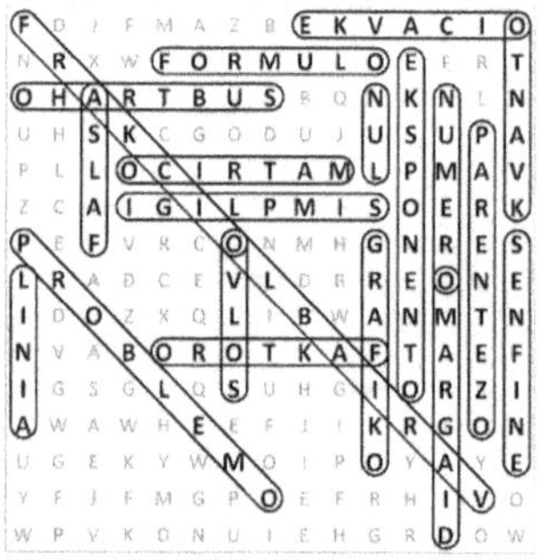

46 - Océan

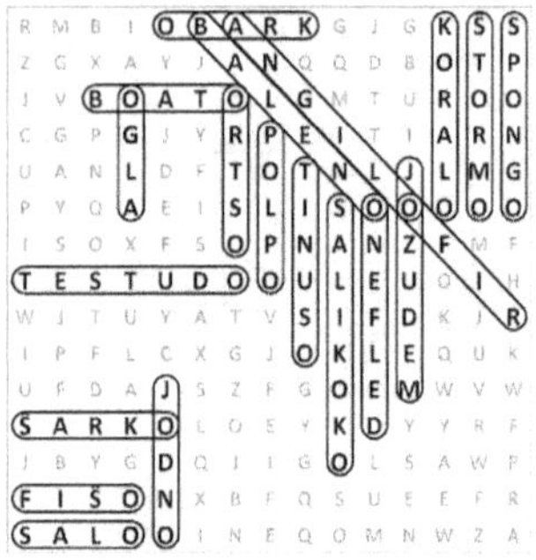

47 - Antiquités

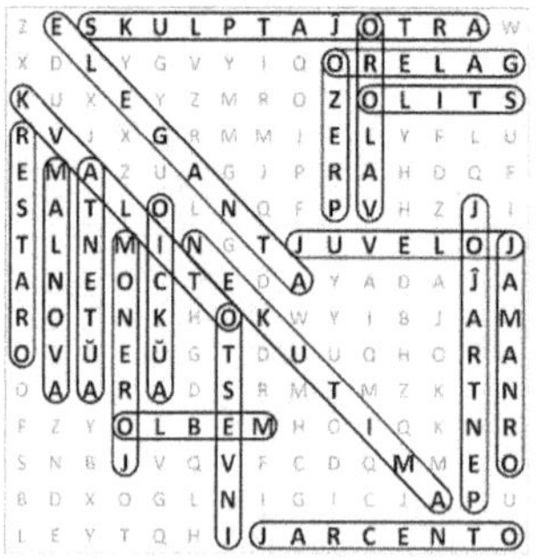

48 - Boxe

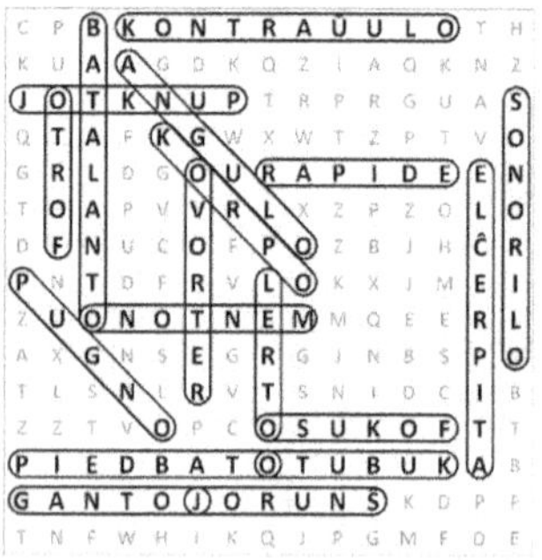

49 - Réchauffement Cli

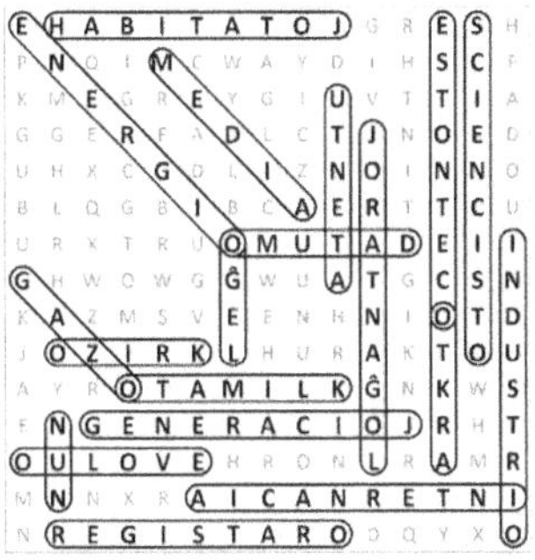

50 - Ballet

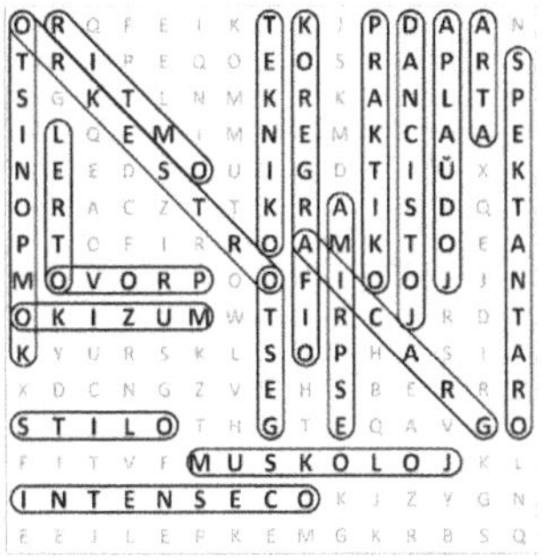

51 - Fruit

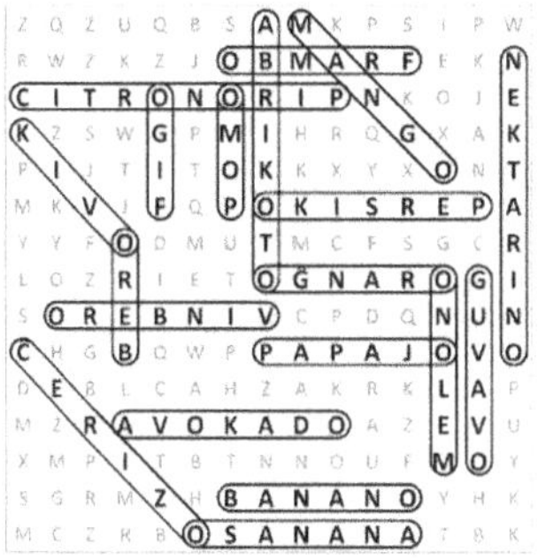

52 - Musique

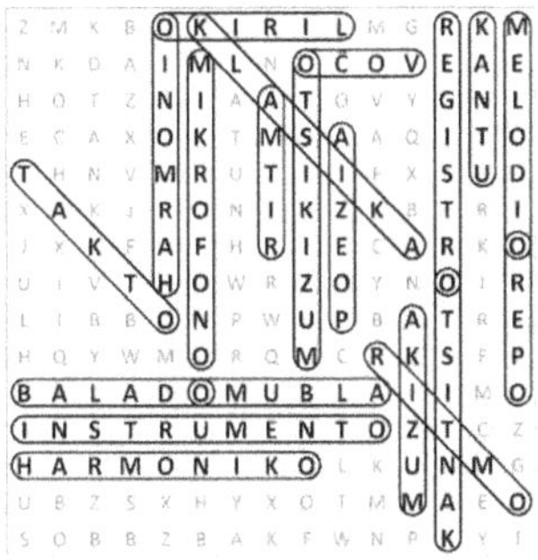

53 - Météo

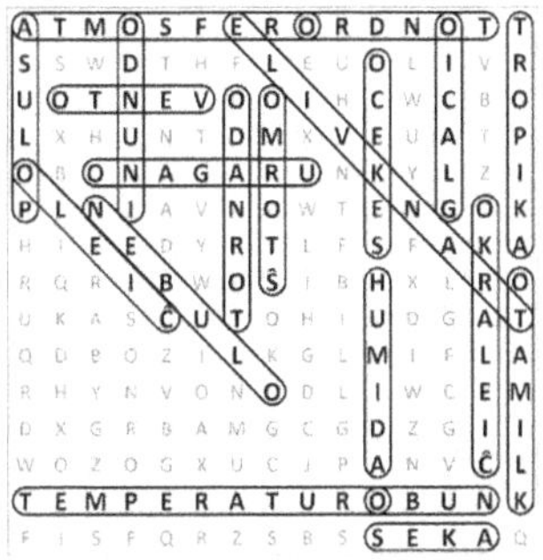

54 - L'Entreprise

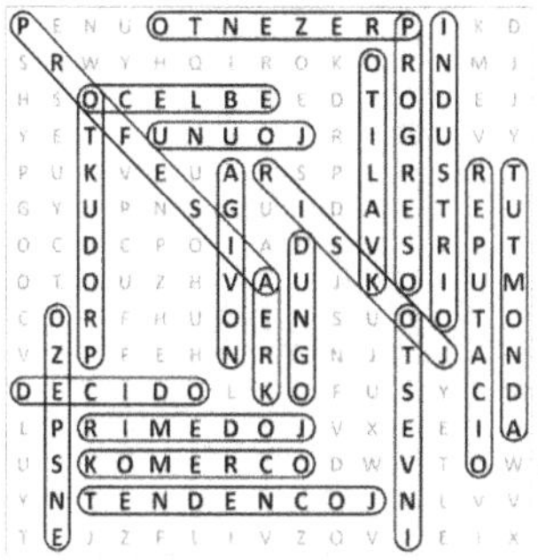

55 - Gouvernement

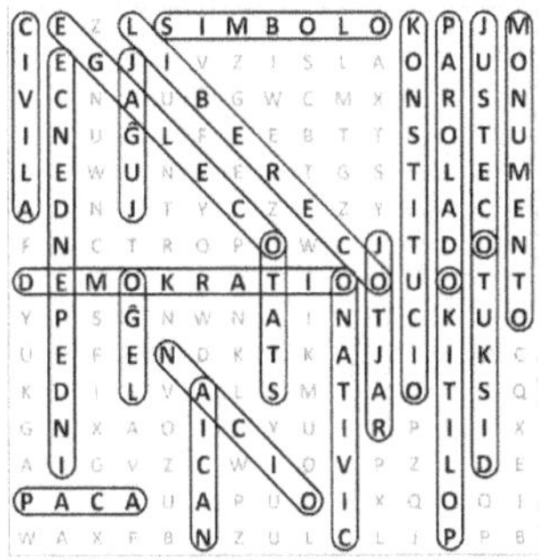

56 - Randonnée

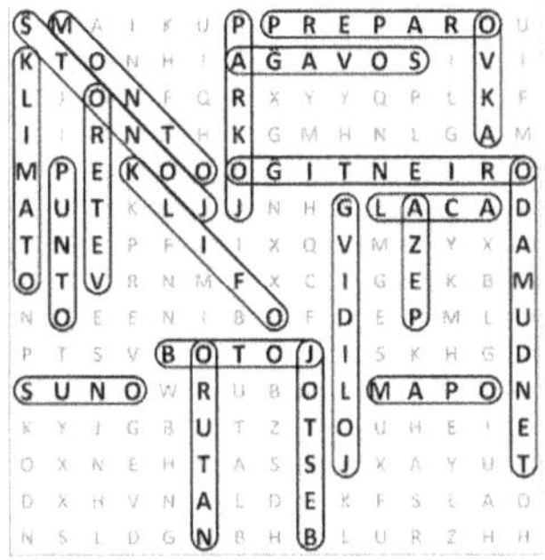

57 - Art

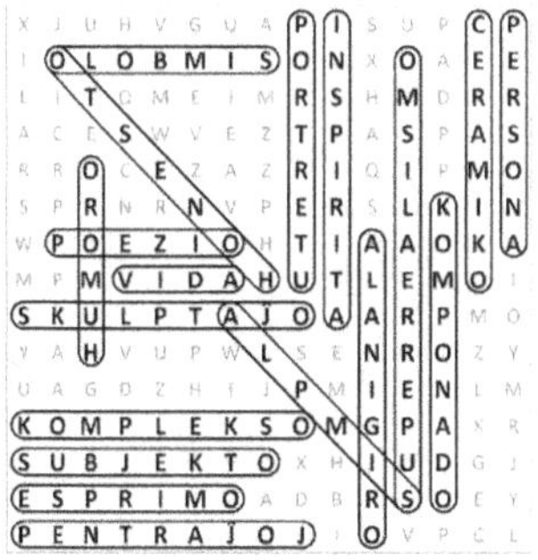

58 - Nutrition

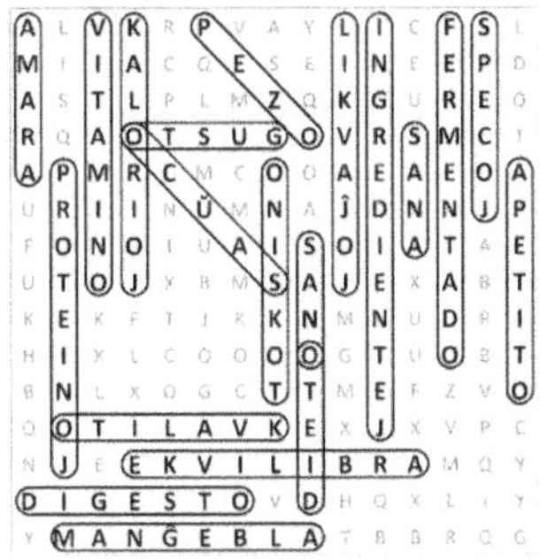

59 - Créativité

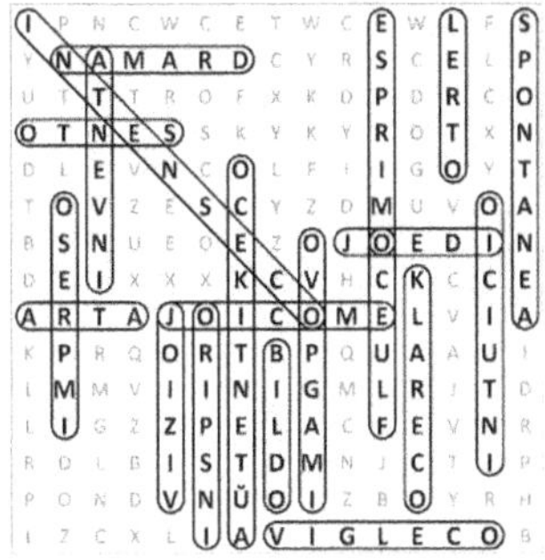

60 - Science Fiction

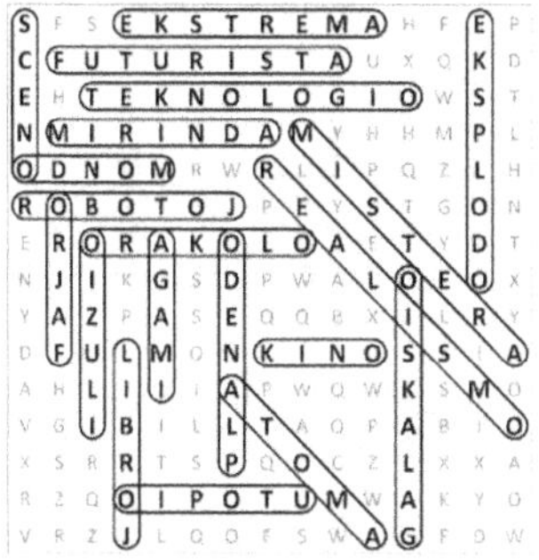

61 - Professions #1

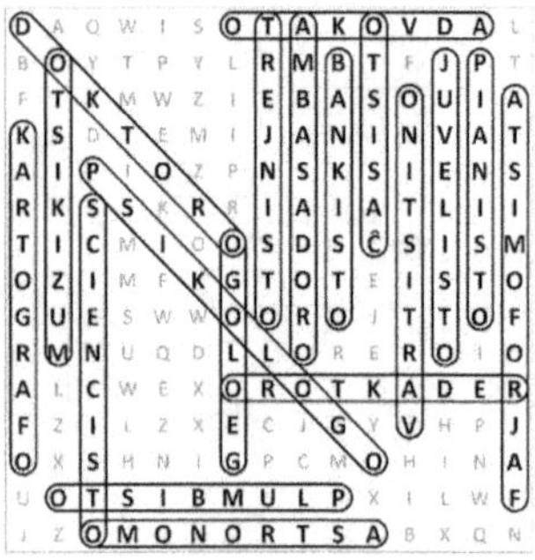

62 - Géologie

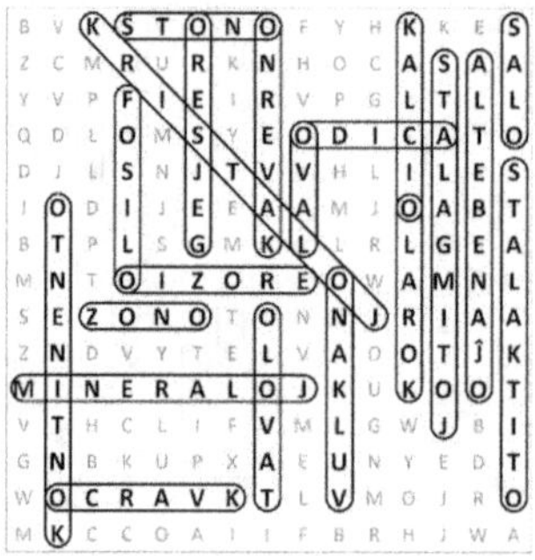

63 - Jardin

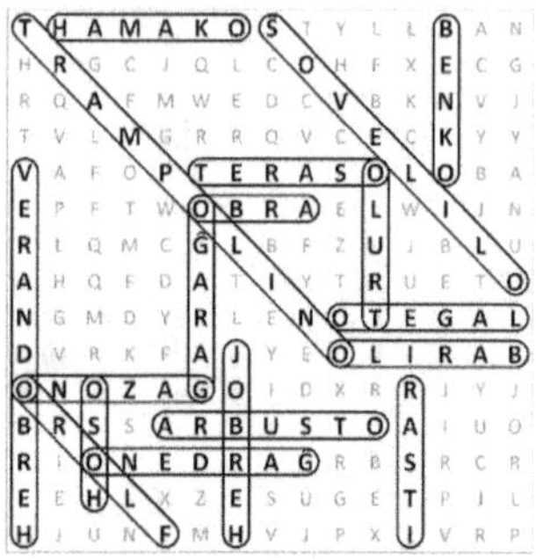

64 - Santé et Bien Être #1

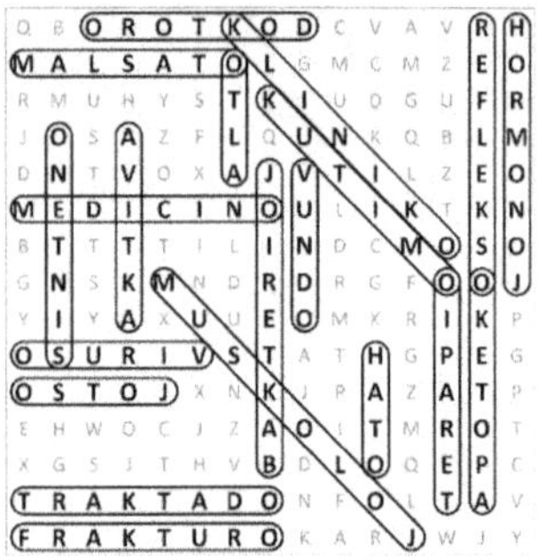

65 - Barbecues

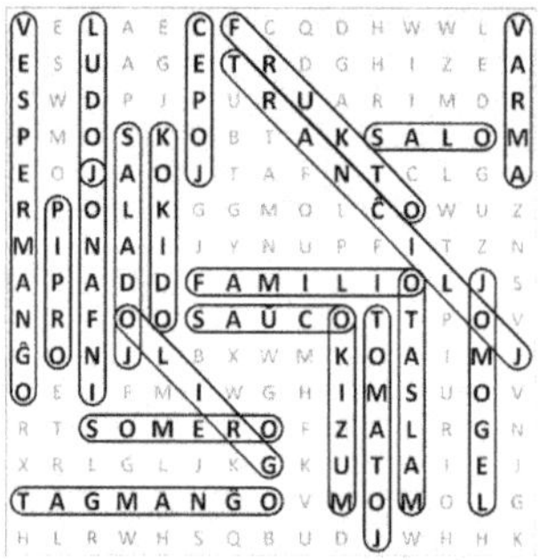

66 - Forêt Tropicale

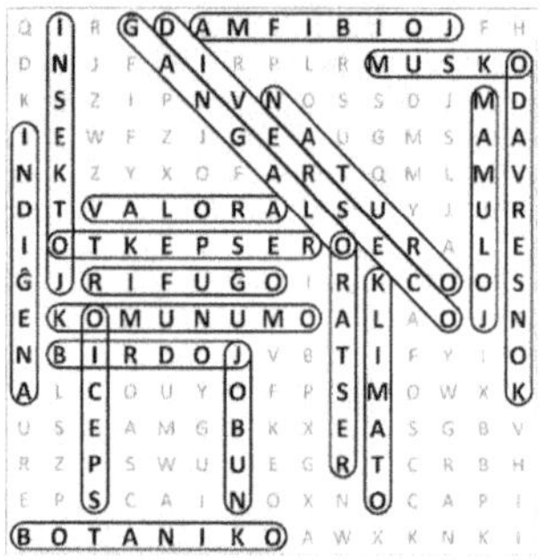

67 - Ferme #1

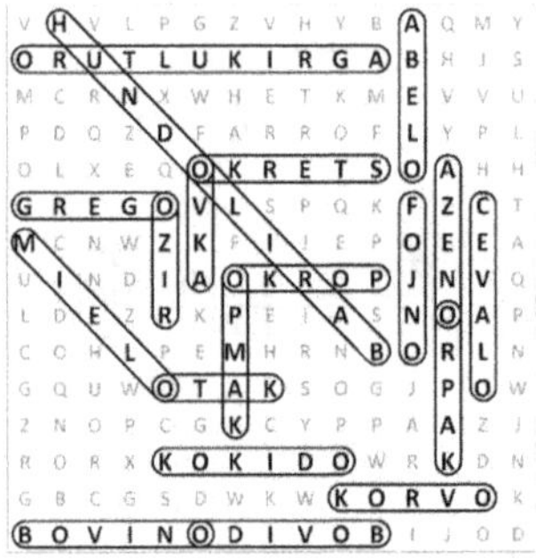

68 - Antarctique

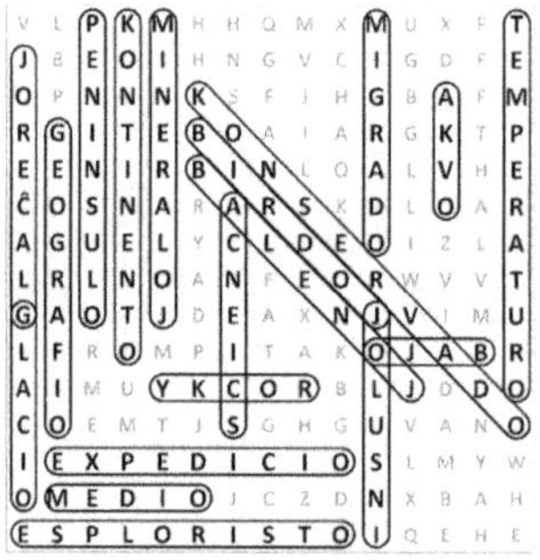

69 - Professions #2

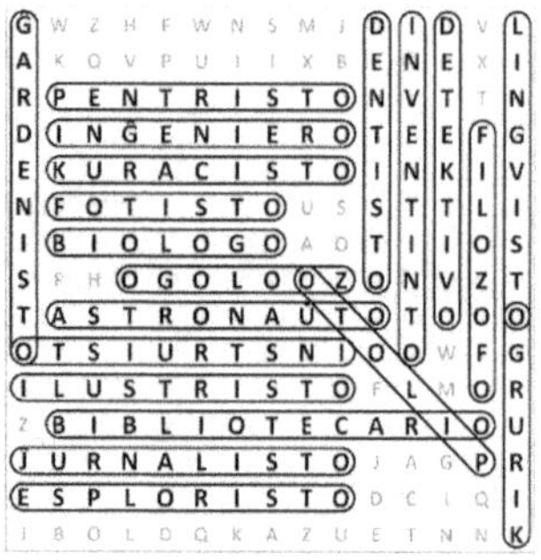

70 - Les Abeilles

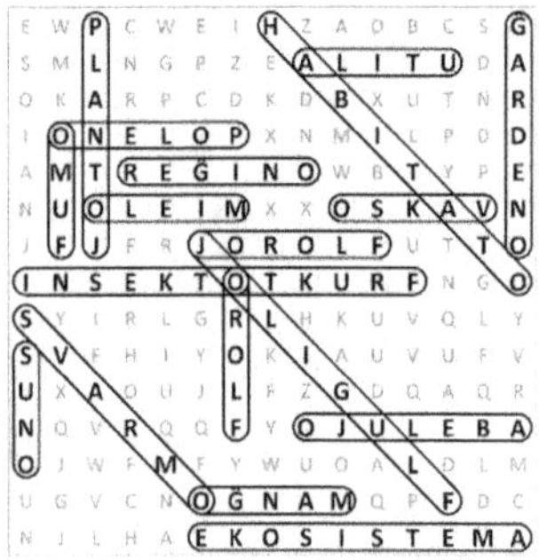

71 - Santé et Bien Être #2

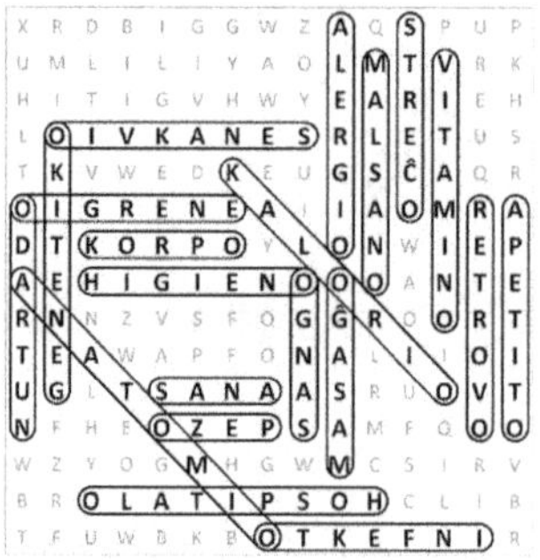

72 - Conduite

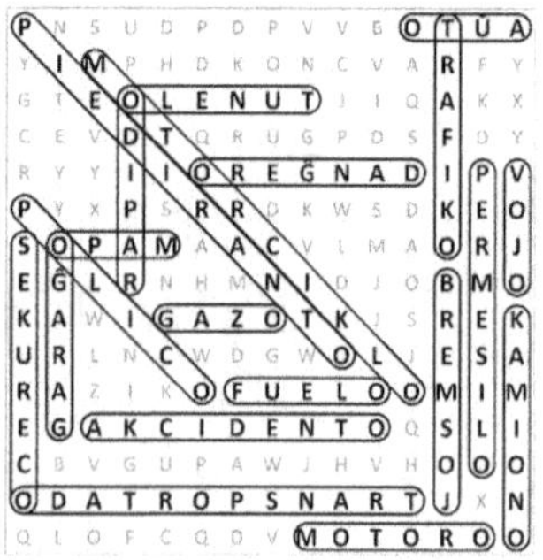

73 - Plantes

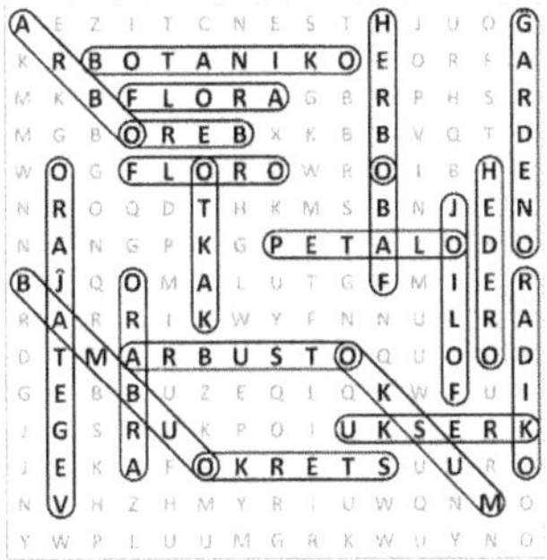

74 - Ferme #2

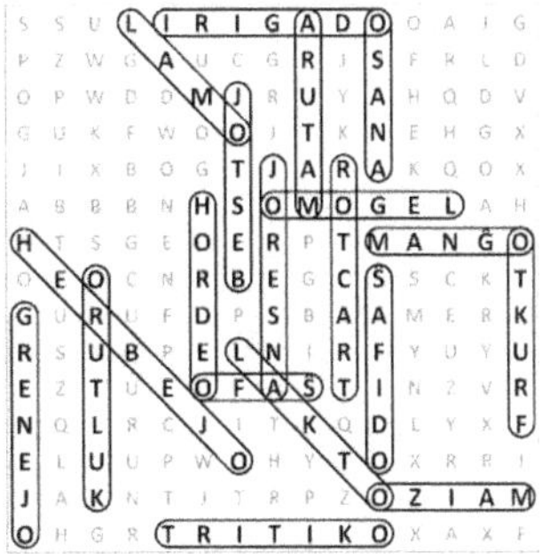

75 - Vacances #2

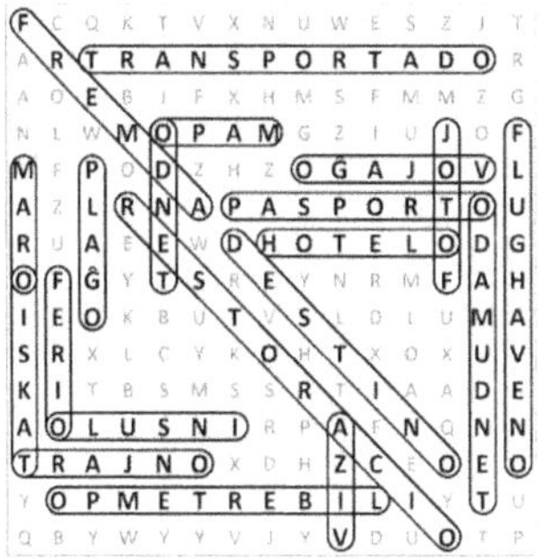

76 - Éthique

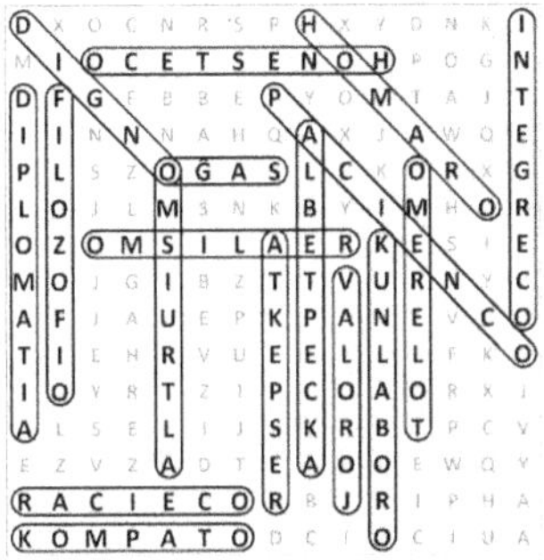

77 - Temps

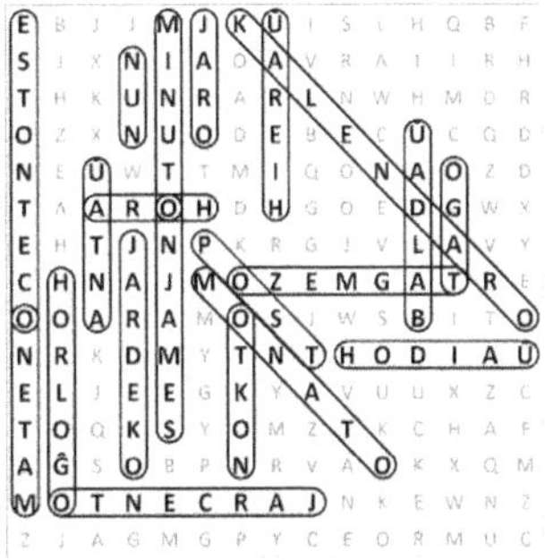

78 - Immigration

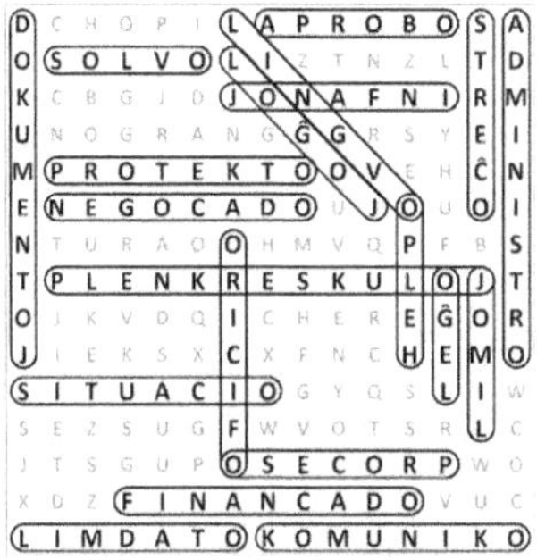

79 - Maison

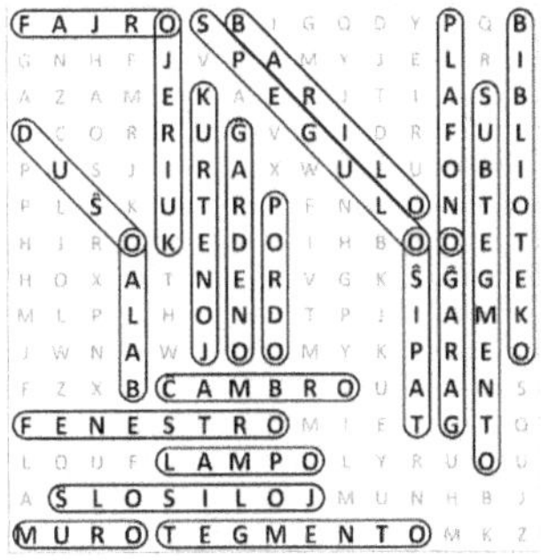

80 - Légumes

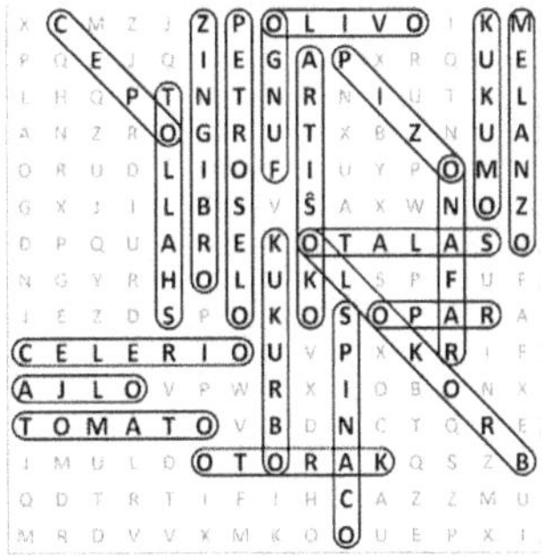

81 - Famille

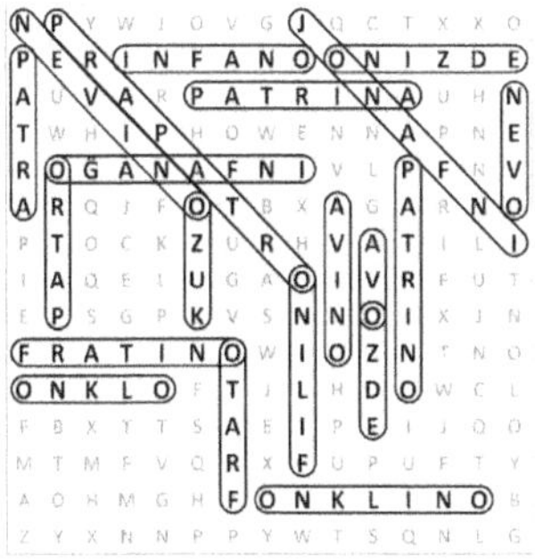

82 - Oiseaux

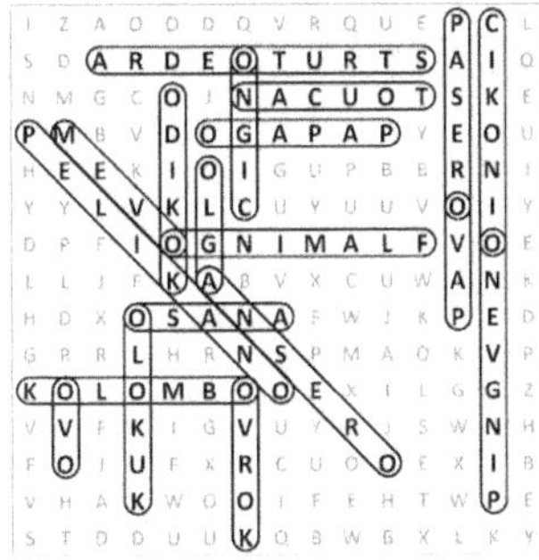

83 - Disciplines Scientifiques

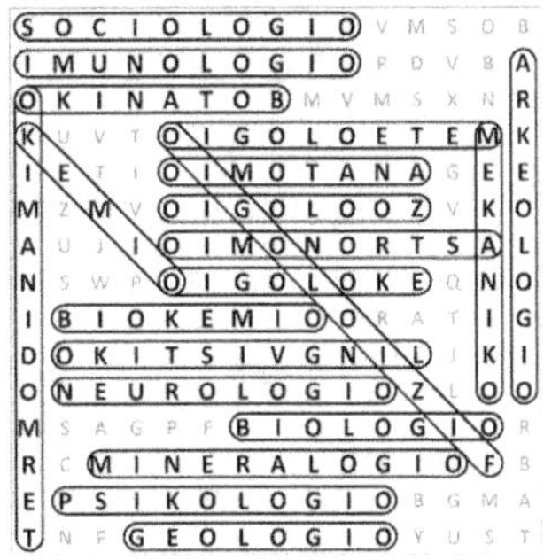

84 - Maladie

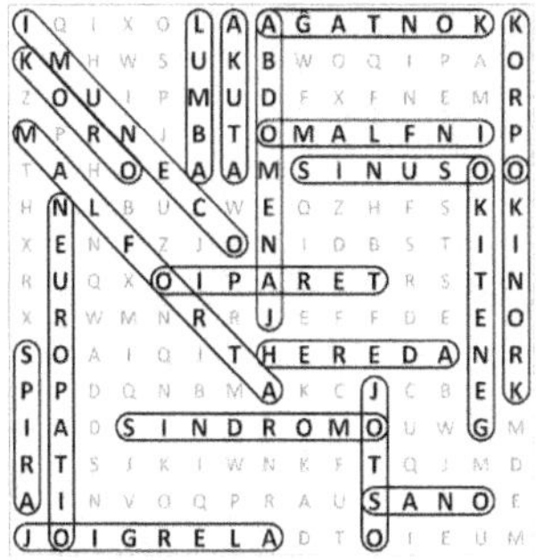

85 - Univers

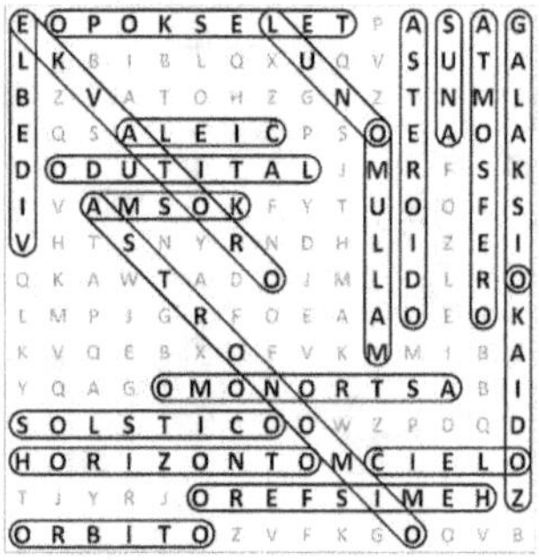

86 - Géographie

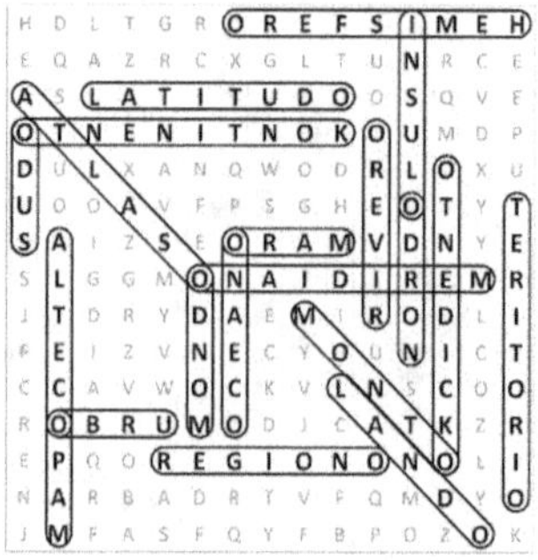

87 - Danse

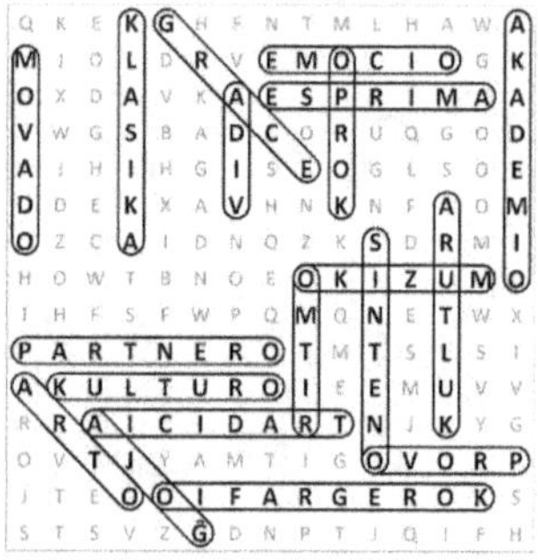

88 - Bâtiments

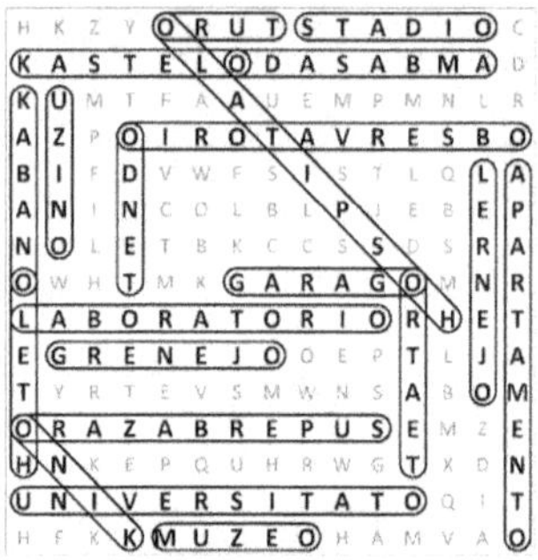

89 - Livres

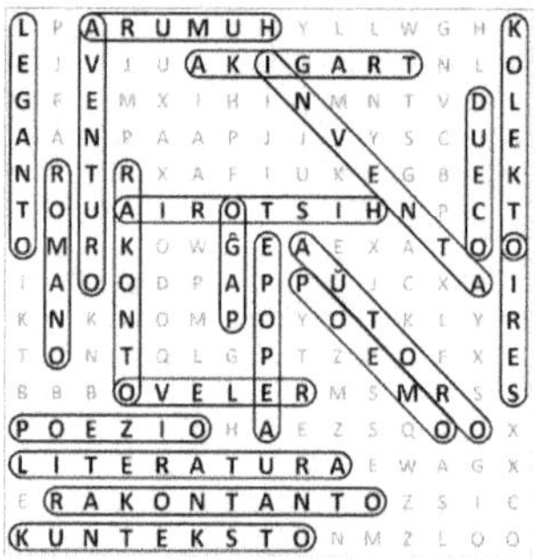

90 - Pays #2

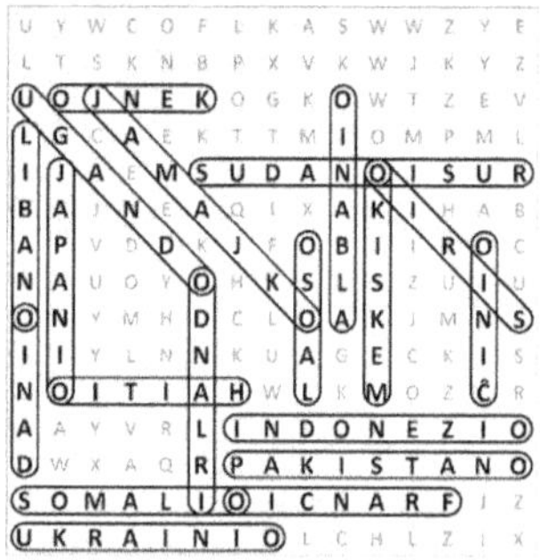

91 - Fournitures d'Art

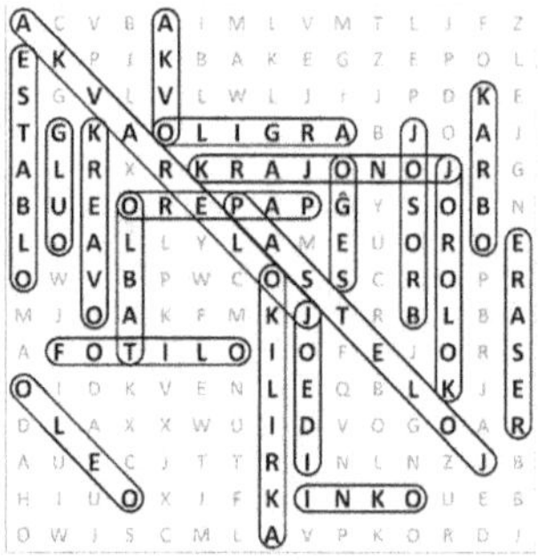

92 - Jazz

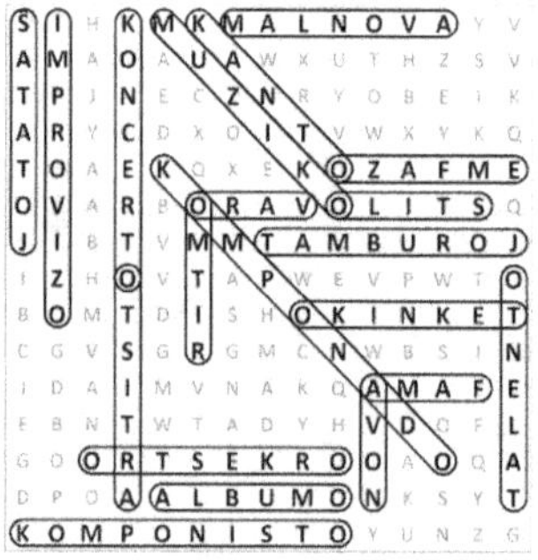

93 - Paysages

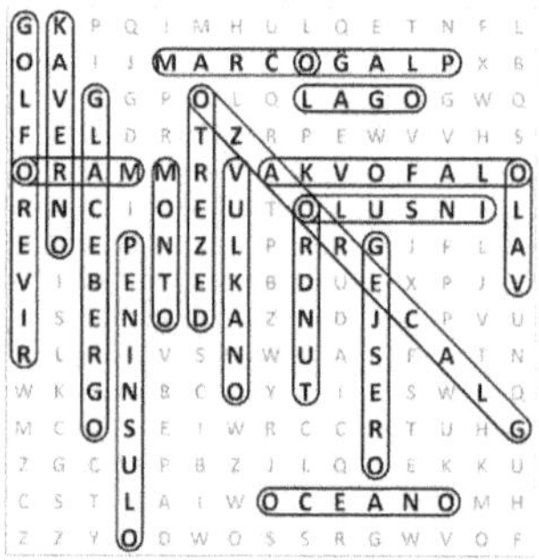

94 - Pays #1

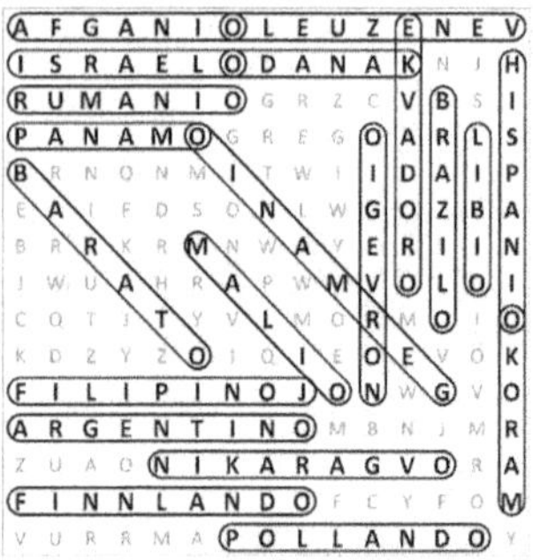

95 - Nombres

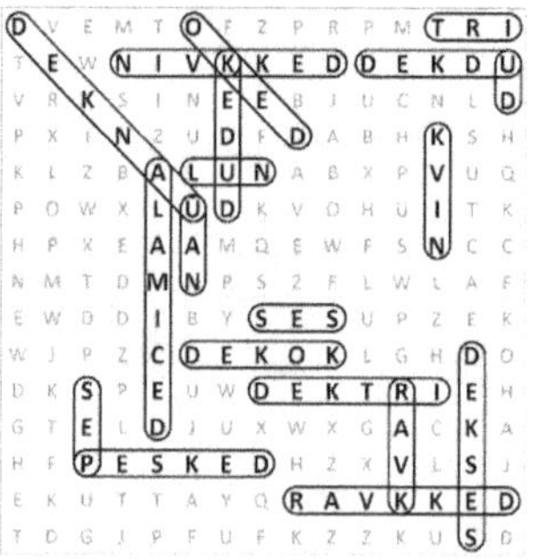

96 - Psychologie

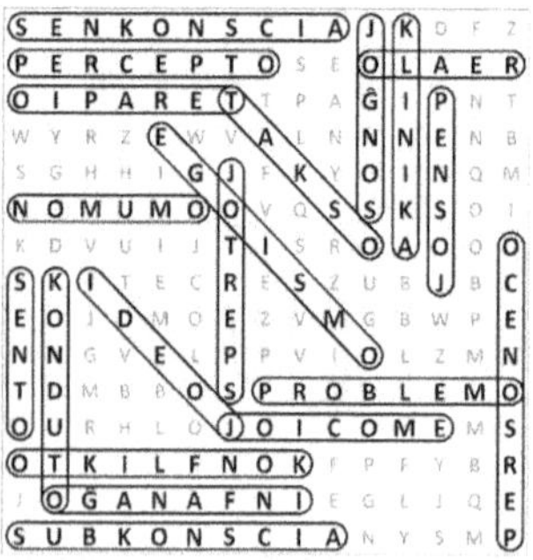

97 - Nature

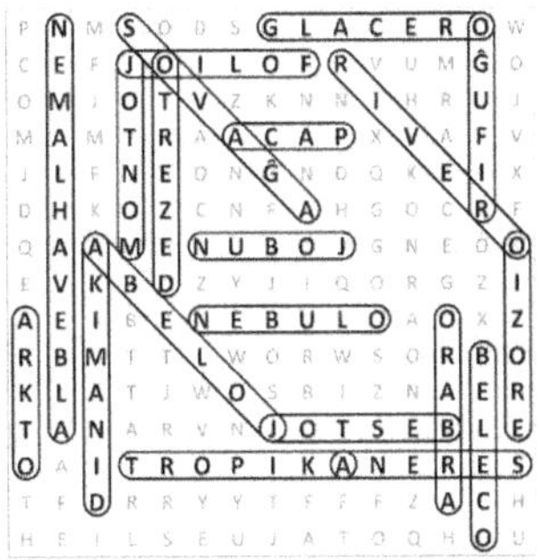

98 - Chimie

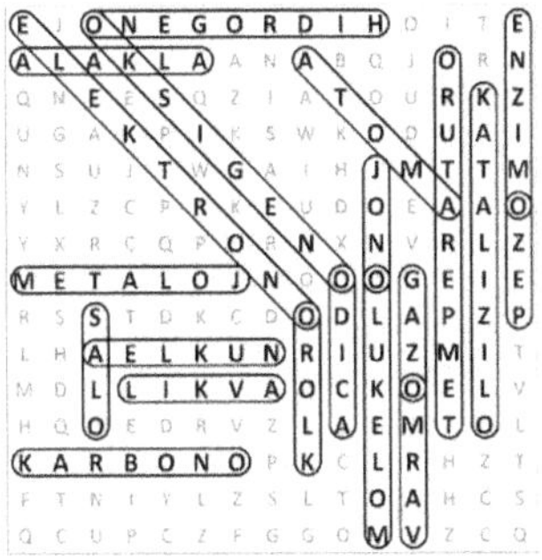

99 - Bateaux

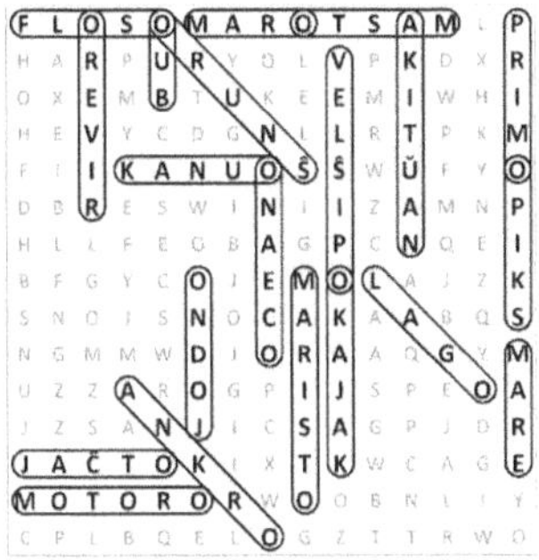

100 - Mesures

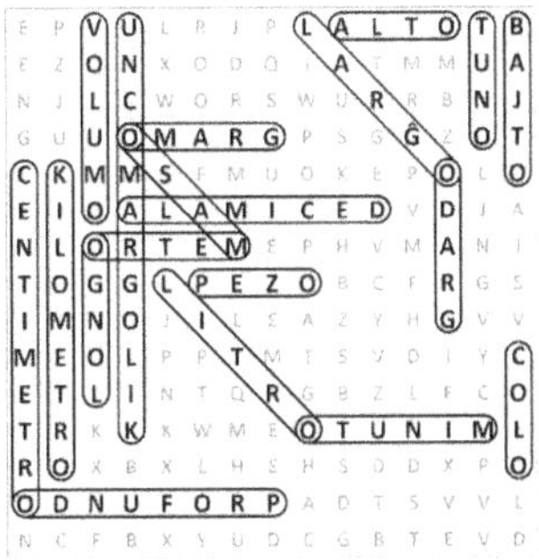

Dictionnaire

Activités
Agadoj

Activité	Aktiveco
Art	Arto
Artisanat	Metioj
Camping	Tendumado
Céramique	Ceramiko
Chasse	Ĉasado
Compétence	Lerto
Couture	Kudri
Intérêts	Interesoj
Jardinage	Ĝardenado
Jeux	Ludoj
Lecture	Legado
Loisir	Libertempo
Magie	Magio
Peinture	Pentro
Pêche	Fiŝkaptado
Photographie	Foto
Plaisir	Plezuro
Randonnée	Altiganta
Relaxation	Malstreĉiĝo

Adjectifs #1
Adjektivoj #1

Absolu	Absoluta
Actif	Aktiva
Ambitieux	Ambicia
Aromatique	Aromaj
Artistique	Arta
Attractif	Alloga
Beau	Bela
Exotique	Ekzota
Énorme	Grandega
Généreux	Malavara
Honnête	Honesto
Identique	Identa
Important	Grava
Innocent	Senkulpa
Jeune	Juna
Lent	Malrapida
Lourd	Peza
Mince	Maldika
Moderne	Moderna
Parfait	Perfekta

Adjectifs #2
Adjektivoj #2

Authentique	Aŭtenta
Célèbre	Fama
Créatif	Krea
Descriptif	Priskriba
Doué	Talenta
Dramatique	Draman
Élégant	Eleganta
Fier	Fiera
Fort	Forta
Intéressant	Interesa
Naturel	Natura
Nouveau	Nova
Productif	Produktiva
Puissant	Potenca
Pur	Pura
Responsable	Responde
Sain	Sana
Salé	Salaj
Sauvage	Sovaĝa
Sec	Seka

Agronomie
Agronomio

Agriculture	Agrikulturo
Croissance	Kresko
Eau	Akvo
Engrais	Sterko
Environnement	Medio
Écologie	Ekologio
Énergie	Energio
Érosion	Erozio
Étude	Studo
Graines	Semoj
Identification	Identigo
Légumes	Legomoj
Maladies	Malsanoj
Nourriture	Manĝo
Pollution	Poluo
Production	Produktado
Recherche	Esplorado
Rural	Kampara
Science	Scienco
Systèmes	Sistemoj

Algèbre
Algebro

Diagramme	Diagramo
Exposant	Eksponento
Équation	Ekvacio
Facteur	Faktoro
Faux	Falsa
Formule	Formulo
Fraction	Frakcio
Graphique	Grafiko
Infini	Senfine
Linéaire	Linia
Matrice	Matrico
Nombre	Numero
Parenthèse	Parentezo
Problème	Problemo
Quantité	Kvanto
Simplifier	Simpligi
Solution	Solvo
Soustraction	Subtraho
Variable	Variablo
Zéro	Nul

Antarctique
Antarkto

Baie	Bajo
Baleines	Balenoj
Chercheur	Esploristo
Conservation	Konservado
Continent	Kontinento
Eau	Akvo
Environnement	Medio
Expédition	Expedicio
Géographie	Geografio
Glace	Glacio
Glaciers	Glaĉeroj
Îles	Insuloj
Migration	Migrado
Minéraux	Mineraloj
Oiseaux	Birdoj
Péninsule	Peninsulo
Rocheux	Rocky
Scientifique	Scienca
Température	Temperaturo
Topographie	Topografio

Antiquités
Antikvaĵoj

Art	Arto
Authentique	Aŭtenta
Bijoux	Juveloj
Décoratif	Ornamaj
Enchères	Aŭkcio
Élégant	Eleganta
Galerie	Galero
Inhabituel	Nekutima
Investissement	Investo
Meubles	Meblo
Peintures	Pentraĵoj
Pièces	Moneroj
Prix	Prezo
Qualité	Kvalito
Restauration	Restaro
Sculpture	Skulptaĵo
Siècle	Jarcento
Style	Stilo
Valeur	Valoro
Vieux	Malnova

Archéologie
Arkeologio

Analyse	Analizo
Années	Jaroj
Chercheur	Esploristo
Civilisation	Civilizo
Descendant	Posteulo
Expert	Sperta
Ère	Epoko
Équipe	Teamo
Évaluation	Takso
Fossile	Fosilo
Fragments	Fragmentoj
Inconnu	Nekonata
Mystère	Mistero
Objets	Celoj
Os	Ostoj
Oublié	Forgesita
Professeur	Profesoro
Relique	Restaĵa
Temple	Templo
Tombe	Tombo

Art
Arto

Céramique	Ceramiko
Complexe	Komplekso
Composition	Komponado
Dépeindre	Portretu
Expression	Esprimo
Honnête	Honesto
Humeur	Humoro
Inspiré	Inspirita
Original	Originala
Peintures	Pentraĵoj
Personnel	Persona
Poésie	Poezio
Sculpture	Skulptaĵo
Simple	Simpla
Sujet	Subjekto
Surréalisme	Superrealismo
Symbole	Simbolo
Visuel	Vida

Arts Visuels
Vidaj Artoj

Architecture	Arkitekturo
Argile	Argilo
Artiste	Artisto
Céramique	Ceramiko
Charbon	Karbo
Chef-D'Œuvre	Ĉefverko
Chevalet	Establo
Cire	Vakso
Composition	Komponado
Craie	Kreto
Crayon	Krajono
Créativité	Kreavo
Film	Filmo
Peinture	Pentro
Perspective	Perspektivo
Pochoir	Ŝablona
Portrait	Portreto
Sculpture	Skulptaĵo
Stylo	Plumo
Vernis	Glazuro

Astronomie
Astronomio

Astéroïde	Asteroido
Astronaute	Astronaŭto
Astronome	Astronomo
Ciel	Ĉielo
Constellation	Konstelacio
Cosmos	Kosmo
Éclipse	Eklipso
Équinoxe	Ekvinokso
Fusée	Raketo
Galaxie	Galaksio
Lune	Luno
Météore	Meteoro
Nébuleuse	Nebula
Observatoire	Observatorio
Planète	Planedo
Radiation	Radiado
Solaire	Suna
Supernova	Supernovao
Terre	Tero
Univers	Universo

Aventure
Aventuro

Activité	Aktiveco
Amis	Amikoj
Beauté	Beleco
Bravoure	Bravo
Chance	Ŝanco
Dangereux	Danĝera
Destination	Destino
Difficulté	Dificulto
Enthousiasme	Entuziasmo
Excursion	Ekskurso
Inhabituel	Nekutima
Itinéraire	Itinero
Joie	Ĝojo
Nature	Naturo
Navigation	Navigado
Nouveau	Nova
Préparation	Preparo
Sécurité	Sekureco
Voyages	Vojaĝoj

Avions
Aviadiloj

Air	Aero
Altitude	Alteco
Atmosphère	Atmosfero
Atterrissage	Surteriĝo
Aventure	Aventuro
Ballon	Balono
Carburant	Fuelo
Ciel	Ĉielo
Construction	Konstruo
Descente	Deveno
Direction	Direkto
Équipage	Skipo
Gonfler	Ŝveligas
Hauteur	Alto
Histoire	Historio
Hydrogène	Hidrogeno
Moteur	Motoro
Passager	Pasaĝero
Pilote	Piloto
Turbulence	Turbuleco

Ballet
Baleto

Applaudissement	Aplaŭdoj
Artistique	Arta
Chorégraphie	Koregrafio
Compétence	Lerto
Compositeur	Komponisto
Danseurs	Dancistoj
Expressif	Esprima
Geste	Gesto
Gracieux	Gracia
Intensité	Intenseco
Muscles	Muskoloj
Musique	Muziko
Orchestre	Orkestro
Pratique	Praktiko
Public	Spektantaro
Répétition	Provo
Rythme	Ritmo
Style	Stilo
Technique	Tekniko

Barbecues
Rostokradoj

Chaud	Varma
Couteaux	Tranĉiloj
Déjeuner	Tagmanĝo
Dîner	Vespermanĝo
Enfants	Infanoj
Été	Somero
Faim	Malsato
Famille	Familio
Fruit	Frukto
Gril	Grilo
Jeux	Ludoj
Légumes	Legomoj
Musique	Muziko
Oignons	Cepoj
Poivre	Pipro
Poulet	Kokido
Salades	Saladoj
Sauce	Saŭco
Sel	Salo
Tomates	Tomatoj

Bateaux
Boatoj

Ancre	Ankro
Bouée	Buo
Canoë	Kanuo
Corde	Ŝnuro
Équipage	Skipo
Ferry	Primo
Fleuve	Rivero
Kayak	Kajako
Lac	Lago
Marin	Maristo
Maritime	Mare
Mât	Masto
Mer	Maro
Moteur	Motoro
Nautique	Naŭtika
Océan	Oceano
Radeau	Floso
Vagues	Ondoj
Voilier	Velŝipo
Yacht	Jaĉto

Bâtiments
Konstruaĵoj

Ambassade	Ambasado
Appartement	Apartamento
Cabine	Kabano
Château	Kastelo
Cinéma	Kino
École	Lernejo
Garage	Garaĝo
Grange	Grenejo
Hôpital	Hospitalo
Hôtel	Hotelo
Laboratoire	Laboratorio
Musée	Muzeo
Observatoire	Observatorio
Stade	Stadio
Supermarché	Superbazaro
Tente	Tendo
Théâtre	Teatro
Tour	Turo
Université	Universitato
Usine	Uzino

Beauté
Beleco

Boucles	Bukloj
Charme	Ĉarmo
Ciseaux	Tondilo
Cosmétique	Kosmetikoj
Couleur	Koloro
Élégance	Eleganteco
Élégant	Eleganta
Grâce	Grace
Lisse	Glata
Maquillage	Konsisto
Mascara	Mascara
Miroir	Spegulo
Parfum	Parfumo
Peau	# ha? To
Photogénique	Fotogénico
Produits	Produtoj
Services	Servoj
Shampooing	Ŝampuo
Styliste	Stilisto

Biologie
Biologio

Anatomie	Anatomio
Bactéries	Bakterioj
Cellule	Ĉelo
Chromosome	Kromosomo
Collagène	Collagen
Embryon	Embrio
Enzyme	Enzimo
Évolution	Evoluo
Hormone	Hormono
Mammifère	Mamulo
Mutation	Mutatio
Naturel	Natura
Nerf	Nervo
Neurone	Neurono
Osmose	Osmozo
Photosynthèse	Fotosintezo
Protéine	Proteino
Reptile	Reptilio
Symbiose	Simbiozo
Synapse	Synapse

Boxe
Boksado

Adversaire	Kontraŭulo
Cloche	Sonorilo
Coin	Angulo
Combattant	Batalanto
Compétence	Lerto
Concentrer	Fokuso
Cordes	Ŝnuroj
Corps	Korpo
Coude	Kubuto
Coup	Piedbato
Épuisé	Elĉerpita
Force	Forto
Gants	Gantoj
Menton	Mentono
Poing	Pugno
Points	Punktoj
Rapide	Rapide
Récupération	Retrovo

Camping
Tendumado

Animaux	Bestoj
Aventure	Aventuro
Boussole	Kompaso
Cabine	Kabano
Canoë	Kanuo
Carte	Mapo
Chapeau	Ĉapelo
Chasse	Ĉasado
Corde	Ŝnuro
Équipement	Ekipaĵo
Feu	Fajro
Forêt	Arbaro
Hamac	Hamako
Insecte	Insekto
Lac	Lago
Lanterne	Lanterno
Lune	Luno
Montagne	Monto
Nature	Naturo
Tente	Tendo

Chimie
Kemio

Acide	Acido
Alcalin	Alkala
Atomique	Atoma
Carbone	Karbono
Catalyseur	Katalizilo
Chaleur	Varmo
Chlore	Kloro
Enzyme	Enzimo
Électron	Elektrono
Gaz	Gazo
Hydrogène	Hidrogeno
Ion	Jono
Liquide	Likva
Métaux	Metaloj
Molécule	Molekulo
Nucléaire	Nuklea
Oxygène	Oksigeno
Poids	Pezo
Sel	Salo
Température	Temperaturo

Conduite
Veturado

Accident	Akcidento
Camion	Kamiono
Carburant	Fuelo
Carte	Mapo
Danger	Danĝero
Freins	Bremsoj
Garage	Garaĝo
Gaz	Gazo
Licence	Permesilo
Moteur	Motoro
Moto	Motorciklo
Piéton	Piediranto
Police	Polico
Route	Vojo
Sécurité	Sekureco
Trafic	Trafiko
Transport	Transportado
Tunnel	Tunelo
Vitesse	Rapido
Voiture	Aŭto

Corps Humain
Homa Korpo

Bouche	Buŝo
Cerveau	Cerbo
Cheville	Maleolo
Cou	Kolo
Coude	Kubuto
Cœur	Koro
Doigt	Fingro
Estomac	Stomako
Épaule	Ŝultro
Genou	Genuo
Lèvres	Lipoj
Main	Mano
Mâchoire	Makzelo
Menton	Mentono
Nez	Nazo
Oreille	Orelo
Peau	# ha? To
Sang	Sango
Tête	Kapo
Visage	Vizaĝo

Créativité
Kreivo

Artistique	Arta
Authenticité	Aŭtentikeco
Clarté	Klareco
Compétence	Lerto
Dramatique	Draman
Expression	Esprimo
Émotions	Emocioj
Fluidité	Flueco
Idées	Ideoj
Image	Bildo
Imagination	Imagpovo
Impression	Impreso
Inspiration	Inspiro
Intensité	Intenseco
Intuition	Intuicio
Inventif	Inventa
Sensation	Sento
Spontané	Spontanea
Visions	Vizioj
Vitalité	Vigleco

Cuisine
Kuirejo

Baguettes	Chopsticks
Bol	Bovlo
Bouilloire	Kaldrono
Congélateur	Frostujo
Couteaux	Tranĉiloj
Cruche	Kruĉo
Cuillères	Kuleroj
Épices	Specoj
Éponge	Spongo
Four	Forno
Fourchettes	Forkoj
Gril	Grilo
Louche	Ĉerpilo
Nourriture	Manĝo
Pot	Vazo
Recette	Recepto
Réfrigérateur	Fridujo
Serviette	Buŝtuko
Tablier	Antaŭtuko
Tasses	Tasoj

Danse
Danco

Académie	Akademio
Art	Arto
Chorégraphie	Koregrafio
Classique	Klasika
Corps	Korpo
Culture	Kulturo
Culturel	Kultura
Expressif	Esprima
Émotion	Emocio
Grâce	Grace
Joyeux	Ĝoja
Mouvement	Movado
Musique	Muziko
Partenaire	Partnero
Posture	Sinteno
Répétition	Provo
Rythme	Ritmo
Traditionnel	Tradicia
Visuel	Vida

Diplomatie
Diplomatio

Ambassade	Ambasado
Ambassadeur	Ambasadoro
Citoyens	Civitanoj
Communauté	Komunumo
Conflit	Konflikto
Conseiller	Konsilanto
Coopération	Kunlaboro
Diplomatique	Diplomatia
Discussion	Diskuto
Éthique	Etiko
Étranger	Fremda
Gouvernement	Registaro
Humanitaire	Humanitaro
Intégrité	Integreco
Justice	Justeco
Politique	Politiko
Résolution	Rezolucio
Sécurité	Sekureco
Solution	Solvo
Traité	Traktato

Disciplines Scientifiques
Sciencaj Disciplinoj

Anatomie	Anatomio
Archéologie	Arkeologio
Astronomie	Astronomio
Biochimie	Biokemio
Biologie	Biologio
Botanique	Botaniko
Chimie	Kemio
Écologie	Ekologio
Géologie	Geologio
Immunologie	Imunologio
Linguistique	Lingvistiko
Mécanique	Mekaniko
Météorologie	Meteologio
Minéralogie	Mineralogio
Neurologie	Neurologio
Physiologie	Fiziologio
Psychologie	Psikologio
Sociologie	Sociologio
Thermodynamique	Termodinamiko
Zoologie	Zoologio

Entreprise
Komerco

Argent	Mono
Boutique	Butiko
Budget	Buĝeto
Bureau	Oficejo
Carrière	Kariero
Coût	Kosto
Devise	Valuto
Employeur	Dunganto
Employé	Dungito
Entreprise	Firmao
Économie	Ekonomio
Finance	Financo
Impôts	Impostoj
Investissement	Investo
Marchandise	Varo
Profit	Profito
Revenu	Enspezo
Réduction	Rabato
Usine	Uzino
Vente	Vendo

Écologie
Ekologio

Bénévoles	Volontuloj
Climat	Klimato
Communautés	Komunumoj
Diversité	Diverseco
Durable	Daŭrigebla
Espèce	Specio
Faune	Faŭno
Flore	Flora
Habitat	Habitato
Marais	Marĉo
Marin	Mara
Montagnes	Montoj
Nature	Naturo
Naturel	Natura
Plantes	Plantoj
Ressources	Rimedoj
Sécheresse	Sekeco
Survie	Supervivo
Variété	Vario
Végétation	Vegetaĵaro

Électricité
Elektro

Aimant	Magneto
Ampoule	Bulbo
Batterie	Baterio
Câble	Kablo
Électricien	Elektristo
Électrique	Elektro
Équipement	Ekipaĵo
Fils	Dratoj
Générateur	Generatoro
Lampe	Lampo
Laser	Lasero
Négatif	Negativo
Objets	Celoj
Positif	Pozitiva
Prise	Ingo
Quantité	Kvanto
Réseau	Reto
Stockage	Stokado
Téléphone	Telefono
Télévision	Televido

Énergie
Energio

Batterie	Baterio
Carbone	Karbono
Carburant	Fuelo
Chaleur	Varmo
Diesel	Dezelo
Entropie	Entropio
Environnement	Medio
Essence	Benzino
Électrique	Elektro
Électron	Elektrono
Hydrogène	Hidrogeno
Industrie	Industrio
Moteur	Motoro
Nucléaire	Nuklea
Photon	Fotono
Pollution	Poluo
Renouvelable	Renovigebla
Soleil	Suno
Turbine	Turbino
Vent	Vento

Épices
Spicoj

Aigre	Acida
Ail	Ajlo
Amer	Amara
Anis	Anizo
Cannelle	Cinamo
Cardamome	Cardamom
Coriandre	Koriandro
Cumin	Kumino
Curry	Curry
Fenouil	Fenkolo
Fenugrec	Fenugroko
Gingembre	Zingibro
Muscade	Nutmeg
Oignon	Cepo
Poivre	Pipro
Réglisse	Glikorico
Safran	Safrano
Saveur	Gusto
Sel	Salo
Vanille	Vanilo

Éthique
Etiko

Altruisme	Altruismo
Compassion	Kompato
Coopération	Kunlaboro
Dignité	Digno
Diplomatique	Diplomatia
Honnêteté	Honesteco
Humanité	Homaro
Individualisme	Individuismo
Intégrité	Integreco
Optimisme	Optimismo
Patience	Pacienco
Philosophie	Filozofio
Raisonnable	Akceptebla
Rationalité	Racieco
Respectueux	Respekta
Réalisme	Realismo
Sagesse	Saĝo
Tolérance	Toleremo
Valeurs	Valoroj

Famille
Familio

Ancêtre	Prapatro
Cousin	Kuzo
Enfance	Infanaĝo
Enfant	Infano
Enfants	Infanoj
Femme	Edzino
Fille	Filino
Frère	Frato
Grand-Mère	Avino
Grand-Père	Avo
Mari	Edzo
Maternel	Patrina
Mère	Patrino
Neveu	Nevo
Nièce	Nevino
Oncle	Onklo
Paternel	Patra
Père	Patro
Soeur	Fratino
Tante	Onklino

Ferme #1
Bieno #1

Abeille	Abelo
Agriculture	Agrikulturo
Âne	Azeno
Champ	Kampo
Chat	Kato
Cheval	Ĉevalo
Chèvre	Kapro
Chien	Hundo
Clôture	Barilo
Cochon	Porko
Corbeau	Korvo
Eau	Akvo
Engrais	Sterko
Foin	Fojno
Miel	Mielo
Poulet	Kokido
Riz	Rizo
Troupeau	Grego
Vache	Bovino
Veau	Bovido

Ferme #2
Bieno #2

Agneau	Ŝafido
Agriculteur	Kulturo
Animaux	Bestoj
Blé	Tritiko
Canard	Anaso
Fruit	Frukto
Grange	Grenejo
Irrigation	Irigado
Lait	Lakto
Lama	Lamo
Légume	Legomo
Maïs	Maizo
Mouton	Ŝafo
Mûr	Matura
Nourriture	Manĝo
Oies	Anseroj
Orge	Hordeo
Pré	Herbejo
Tracteur	Tractor

Force et Gravité
Forto kaj Gravito

Axe	Akso
Centre	Centro
Découverte	Elkovo
Distance	Distanco
Dynamique	Dinamika
Expansion	Expanso
Friction	Frotado
Impact	Efiko
Magnétisme	Magnetismo
Mécanique	Mekaniko
Mouvement	Movo
Orbite	Orbito
Physique	Fiziko
Planètes	Planedoj
Poids	Pezo
Pression	Premo
Propriétés	Propraĵoj
Temps	Tempo
Universel	Universala
Vitesse	Rapido

Forêt Tropicale
Pluvarbaro

Amphibiens	Amfibioj
Botanique	Botaniko
Climat	Klimato
Communauté	Komunumo
Diversité	Diverseco
Espèce	Specio
Indigène	Indiĝena
Insectes	Insektoj
Jungle	Ĝangalo
Mammifères	Mamuloj
Mousse	Musko
Nature	Naturo
Nuage	Nuboj
Oiseaux	Birdoj
Précieux	Valora
Préservation	Konservado
Refuge	Rifuĝo
Respect	Respekto
Restauration	Restaro
Survie	Supervivo

Formes
Formoj

Arc	Arko
Bords	Randoj
Carré	Kvadrato
Cercle	Cirklo
Coin	Angulo
Courbe	Kurbo
Cône	Konuso
Côté	Flanko
Cube	Kubo
Cylindre	Cilindro
Ellipse	Elipso
Hyperbole	Hiperbolo
Ligne	Linio
Ovale	Ovala
Polygone	Poligono
Prisme	Prismo
Pyramide	Piramido
Rectangle	Rectangulo
Sphère	Sfero
Triangle	Triangulo

Fournitures d'Art
Arto Provizoj

Acrylique	Akriliko
Aquarelles	Akvareloj
Argile	Argilo
Brosses	Brosoj
Caméra	Fotilo
Chaise	Seĝo
Charbon	Karbo
Chevalet	Establo
Colle	Gluo
Couleurs	Koloroj
Crayons	Krajonoj
Créativité	Kreavo
Eau	Akvo
Encre	Inko
Gomme	Eraser
Huile	Oleo
Idées	Ideoj
Papier	Papero
Pastels	Pasteloj
Table	Tablo

Fruit
Frukto

Abricot	Abrikoto
Ananas	Ananaso
Avocat	Avokado
Baie	Bero
Banane	Banano
Cerise	Ĉerizo
Citron	Citrono
Figue	Figo
Framboise	Frambo
Goyave	Guvavo
Kiwi	Kivo
Mangue	Mango
Melon	Melono
Nectarine	Nektarino
Orange	Oranĝo
Papaye	Papajo
Pêche	Persiko
Poire	Piro
Pomme	Pomo
Raisin	Vinbero

Géographie
Geografio

Altitude	Alteco
Atlas	Atlaso
Carte	Mapo
Continent	Kontinento
Fleuve	Rivero
Hémisphère	Hemisfero
Île	Insulo
Latitude	Latitudo
Mer	Maro
Méridien	Meridiano
Monde	Mondo
Montagne	Monto
Nord	Nordo
Océan	Oceano
Ouest	Okcidento
Pays	Lando
Région	Regiono
Sud	Sudo
Territoire	Teritorio
Ville	Urbo

Géologie
Geologio

Acide	Acido
Calcium	Kalcio
Caverne	Kaverno
Continent	Kontinento
Corail	Koralo
Couche	Tavolo
Cristaux	Kristaloj
Érosion	Erozio
Fossile	Fosilo
Geyser	Gejsero
Lave	Lavo
Minéraux	Mineraloj
Pierre	Ŝtono
Plateau	Altebenaĵo
Quartz	Kvarco
Sel	Salo
Stalactite	Stalaktito
Stalagmites	Stalagmitoj
Volcan	Vulkano
Zone	Zono

Géométrie
Geometrio

Angle	Angulo
Calcul	Kalkulo
Cercle	Cirklo
Courbe	Kurbo
Diamètre	Diametro
Dimension	Dimensio
Équation	Ekvacio
Hauteur	Alto
Logique	Logiko
Masse	Maso
Médian	Mediano
Nombre	Numero
Parallèle	Paralelo
Proportion	Proporcio
Segment	Segmento
Surface	Surfaco
Symétrie	Simetrio
Théorie	Teorio
Triangle	Triangulo
Vertical	Vertikala

Gouvernement
Registaro

Citoyenneté	Civitano
Civil	Civila
Constitution	Konstitucio
Démocratie	Demokratio
Discours	Parolado
Discussion	Diskuto
Droits	Rajtoj
Égalité	Egaleco
État	Stato
Indépendance	Independence
Judiciaire	Juĝaj
Justice	Justeco
Liberté	Libereco
Loi	Leĝo
Monument	Monumento
Nation	Nacio
National	Nacia
Paisible	Paca
Politique	Politiko
Symbole	Simbolo

Herboristerie
Herbalism

Ail	Ajlo
Aromatique	Aromaj
Basilic	Bazilo
Bénéfique	Utila
Culinaire	Kulinara
Estragon	Tarragon
Fenouil	Fenkolo
Fleur	Floro
Ingrédient	Ingredienco
Jardin	Ĝardeno
Lavande	Lavendo
Marjolaine	Marĝoromo
Menthe	Mento
Persil	Petroselo
Qualité	Kvalito
Romarin	Romero
Safran	Safrano
Saveur	Gusto
Thym	Timiano
Vert	Verda

Immigration
Enmigrado

Administration	Administro
Adultes	Plenkreskuloj
Aide	Helpo
Approbation	Aprobo
Communication	Komuniko
Date Limite	Limdato
Documents	Dokumentoj
Enfants	Infanoj
Financement	Financado
Frontières	Limoj
Langue	Lingvo
Logement	Loĝoj
Loi	Leĝo
Négociation	Negocado
Officier	Oficiro
Processus	Proceso
Protection	Protekto
Situation	Situacio
Solution	Solvo
Stress	Streĉo

Ingénierie
Inĝenieristiko

Angle	Angulo
Axe	Akso
Calcul	Kalkulo
Construction	Konstruo
Diagramme	Diagramo
Diamètre	Diametro
Diesel	Dezelo
Distribution	Distribuo
Engrenages	Ilaroj
Énergie	Energio
Force	Forto
Leviers	Leviloj
Liquide	Likva
Machine	Maŝino
Mesure	Mezurado
Moteur	Motoro
Profondeur	Profundo
Rotation	Rotacio
Stabilité	Stabileco
Structure	Strukturo

Jardin
Ĝardeno

Arbre	Arbo
Banc	Benko
Buisson	Arbusto
Clôture	Barilo
Étang	Lageto
Fleur	Floro
Garage	Garaĝo
Hamac	Hamako
Herbe	Herbo
Jardin	Ĝardeno
Mauvaises Herbes	Herboj
Pelle	Ŝovelilo
Pelouse	Gazono
Porche	Verando
Râteau	Rasti
Sol	Trulo
Terrasse	Teraso
Trampoline	Trampolino
Tuyau	Hoso

Jardinage
? Ardenado

Botanique	Botaniko
Bouquet	Bukedo
Climat	Klimato
Comestible	Manĝebla
Compost	Komposto
Eau	Akvo
Espèce	Specio
Exotique	Ekzota
Feuillage	Folioj
Feuille	Folio
Fleur	Floro
Floral	Flora
Graines	Semoj
Humidité	Humido
Récipient	Ujo
Saisonnier	Sezona
Saleté	Malpuraĵo
Sol	Trulo
Tuyau	Hoso

Jazz
Ĵazo

Accent	Emfazo
Album	Albumo
Artiste	Artisto
Célèbre	Fama
Chanson	Kanto
Compositeur	Komponisto
Composition	Komponado
Concert	Koncerto
Favoris	Ŝatatoj
Genre	Varo
Improvisation	Improvizo
Musique	Muziko
Nouveau	Nova
Orchestre	Orkestro
Rythme	Ritmo
Style	Stilo
Talent	Talento
Tambours	Tamburoj
Technique	Tekniko
Vieux	Malnova

Jours et Mois
Tagoj kaj Monatoj

Août	Aŭgusto
Avril	Aprilo
Calendrier	Kalendaro
Dimanche	Dimanĉo
Février	Februaro
Janvier	Januaro
Jeudi	Ĵaŭdo
Juillet	Julio
Juin	Junio
Lundi	Lundo
Mardi	Mardo
Mars	Marto
Mercredi	Merkredo
Mois	Monato
Novembre	Novembro
Octobre	Oktobro
Samedi	Sabato
Semaine	Semajno
Septembre	Septembro
Vendredi	Vendredo

L'Entreprise
La Firmao

Affaires	Komerco
Créatif	Krea
Décision	Decido
Emploi	Dungo
Global	Tutmonda
Industrie	Industrio
Innovant	Noviga
Investissement	Investo
Possibilité	Ebleco
Présentation	Prezento
Produit	Produkto
Professionnel	Profesia
Progrès	Progreso
Qualité	Kvalito
Ressources	Rimedoj
Revenu	Enspezo
Réputation	Reputacio
Risques	Riskoj
Tendances	Tendencoj
Unités	Unuoj

Les Abeilles
Abeloj

Ailes	Flugiloj
Bénéfique	Utila
Cire	Vakso
Diversité	Diverseco
Essaim	Svarmo
Écosystème	Ekosistema
Fleur	Floro
Fleurs	Floroj
Fruit	Frukto
Fumée	Fumo
Habitat	Habitato
Insecte	Insekto
Jardin	Ĝardeno
Miel	Mielo
Nourriture	Manĝo
Plantes	Plantoj
Pollen	Poleno
Reine	Reĝino
Ruche	Abelujo
Soleil	Suno

Les Médias
La Amaskomunikilaro

Attitudes	Sintenoj
Commercial	Komerca
Communication	Komuniko
En Ligne	Rete
Édition	Eldono
Éducation	Eduko
Faits	Faktoj
Financement	Financado
Individuel	Individuo
Industrie	Industrio
Intellectuel	Intelekta
Journaux	Gazetoj
Local	Loka
Numérique	Digitalo
Opinion	Opinio
Photos	Fotoj
Public	Publiko
Radio	Radio
Réseau	Reto
Télévision	Televido

Légumes
Legomoj

Ail	Ajlo
Artichaut	Artiŝoko
Aubergine	Melanzo
Brocoli	Brokolo
Carotte	Karoto
Céleri	Celerio
Champignon	Fungo
Citrouille	Kukurbo
Concombre	Kukumo
Échalote	Shallot
Épinard	Spinaco
Gingembre	Zingibro
Navet	Rapo
Oignon	Cepo
Olive	Olivo
Persil	Petroselo
Pois	Pizo
Radis	Rafano
Salade	Salato
Tomate	Tomato

Littérature
Literaturo

Analogie	Analogio
Analyse	Analizo
Anecdote	Anekdoto
Auteur	Aŭtoro
Biographie	Biografio
Comparaison	Komparo
Conclusion	Konkludo
Description	Priskribo
Dialogue	Dialogo
Fiction	Fikcio
Métaphore	Metaforo
Narrateur	Rakontanto
Poème	Poemo
Poétique	Poezia
Rime	Rimo
Roman	Romano
Rythme	Ritmo
Style	Stilo
Thème	Temo
Tragédie	Tragedio

Livres
Libroj

Auteur	Aŭtoro
Aventure	Aventuro
Collection	Kolekto
Contexte	Kunteksto
Dualité	Dueco
Épique	Epopea
Histoire	Rakonto
Historique	Historia
Humoristique	Humura
Inventif	Inventa
Lecteur	Leganto
Littéraire	Literatura
Narrateur	Rakontanto
Page	Paĝo
Pertinent	Relevo
Poème	Poemo
Poésie	Poezio
Roman	Romano
Série	Serio
Tragique	Tragika

Maison
Domo

Balai	Balao
Bibliothèque	Biblioteko
Chambre	Ĉambro
Cheminée	Fajro
Clés	Ŝlosiloj
Clôture	Barilo
Cuisine	Kuirejo
Douche	Duŝo
Fenêtre	Fenestro
Garage	Garaĝo
Grenier	Subtegmento
Jardin	Ĝardeno
Lampe	Lampo
Miroir	Spegulo
Mur	Muro
Plafond	Plafono
Porte	Pordo
Rideaux	Kurtenoj
Tapis	Tapiŝo
Toit	Tegmento

Maladie
Malsano

Abdominal	Abdomenaj
Aigu	Akuta
Allergies	Alergioj
Chronique	Kroniko
Contagieux	Kontaĝa
Corps	Korpo
Cœur	Koro
Faible	Malforta
Génétique	Genetiko
Héréditaire	Hereda
Immunité	Imuneco
Inflammation	Inflamo
Lombaire	Lumba
Neuropathie	Neuropatio
Os	Ostoj
Respiratoire	Spira
Santé	Sano
Sinus	Sinuso
Syndrome	Sindromo
Thérapie	Terapio

Mammifères
Mamuloj

Baleine	Baleno
Chat	Kato
Cheval	Ĉevalo
Chien	Hundo
Coyote	Kojoto
Dauphin	Delfeno
Éléphant	Elefanto
Girafe	Ĝirafo
Gorille	Gorilo
Kangourou	Kanguruo
Lapin	Kuniklo
Lion	Leono
Loup	Lupo
Mouton	Ŝafo
Ours	Urso
Renard	Vulpo
Singe	Simio
Taureau	Virbovo
Tigre	Tigro
Zèbre	Zebro

Mathématiques
Matematiko

Angles	Anguloj
Arithmétique	Aritmetiko
Carré	Kvadrato
Circonférence	Cirkonferenco
Décimal	Decimala
Diamètre	Diametro
Exposant	Eksponento
Équation	Ekvacio
Fraction	Frakcio
Géométrie	Geometrio
Parallèle	Paralelo
Parallélogramme	Paralelogramo
Perpendiculaire	Perpendikula
Périmètre	Perimetro
Polygone	Poligono
Rectangle	Rectangulo
Somme	Sumo
Symétrie	Simetrio
Triangle	Triangulo
Volume	Volumo

Mesures
Mezuradoj

Centimètre	Centimetro
Degré	Grado
Décimal	Decimala
Gramme	Gramo
Hauteur	Alto
Kilogramme	Kilogramo
Kilomètre	Kilometro
Largeur	Larĝo
Litre	Litro
Longueur	Longo
Masse	Maso
Mètre	Metro
Minute	Minuto
Octet	Bajto
Once	Unco
Poids	Pezo
Pouce	Colo
Profondeur	Profundo
Tonne	Tuno
Volume	Volumo

Méditation
Meditado

Acceptation	Akcepto
Attention	Atentu
Calme	Trankvile
Clarté	Klareco
Compassion	Kompato
Esprit	Menso
Émotions	Emocioj
Éveillé	Maldorma
Gratitude	Dankon
Habitudes	Kutimoj
Mental	Menta
Mouvement	Movado
Musique	Muziko
Nature	Naturo
Observation	Observo
Paix	Paco
Perspective	Perspektivo
Posture	Sinteno
Respiration	Spirado
Silence	Silento

Météo

Vetero

Arc-En-Ciel	Ĉielarko
Atmosphère	Atmosfero
Brouillard	Nebulo
Calme	Trankvile
Ciel	Ĉielo
Climat	Klimato
Glace	Glacio
Humide	Humida
Inondation	Inundo
Nuage	Nubo
Ouragan	Uragano
Polaire	Polusa
Sec	Seka
Sécheresse	Sekeco
Température	Temperaturo
Tempête	Ŝtormo
Tonnerre	Tondro
Tornade	Tornado
Tropical	Tropika
Vent	Vento

Mode

Modo

Boutique	Boutique
Boutons	Butonoj
Broderie	Bromado
Cher	Kosta
Confortable	Komforta
Dentelle	Punto
Élégant	Eleganta
Mesures	Mezurado
Minimaliste	Minimalista
Moderne	Moderna
Modeste	Modesta
Modèle	Skemo
Original	Originala
Pratique	Praktika
Simple	Simpla
Style	Stilo
Tendance	Tendenco
Texture	Teksturo
Tissu	Tifo
Vêtements	Vesto

Musique

Muziko

Album	Albumo
Ballade	Balado
Chanter	Kantu
Chanteur	Kantisto
Classique	Klasika
Enregistrement	Registro
Harmonie	Harmonio
Harmonique	Harmoniko
Instrument	Instrumento
Lyrique	Liriko
Mélodie	Melodio
Microphone	Mikrofono
Musical	Muzika
Musicien	Muzikisto
Opéra	Opero
Poétique	Poezia
Rythme	Ritmo
Rythmique	Ritma
Tempo	Takto
Vocal	Voĉo

Mythologie

Mitologio

Archétype	Arketipo
Catastrophe	Katastrofo
Comportement	Konduto
Création	Kreo
Créature	Besto
Croyances	Kredoj
Culture	Kulturo
Éclair	Fulmo
Force	Forto
Guerrier	Milito
Héros	Heroo
Immortalité	Senmorteco
Jalousie	Ĵaluzo
Labyrinthe	Labirinto
Légende	Legendo
Magique	Magia
Monstre	Monstro
Mortel	Morta
Tonnerre	Tondro
Vengeance	Venĝo

Nature

Naturo

Abeilles	Abeloj
Animaux	Bestoj
Arctique	Arkto
Beauté	Beleco
Brouillard	Nebulo
Désert	Dezerto
Dynamique	Dinamika
Érosion	Erozio
Feuillage	Folioj
Fleuve	Rivero
Forêt	Arbaro
Glacier	Glacero
Montagnes	Montoj
Nuage	Nuboj
Paisible	Paca
Sanctuaire	Rifuĝo
Sauvage	Sovaĝa
Serein	Serena
Tropical	Tropika
Vital	Nemalhavebla

Nombres

Nombroj

Cinq	Kvin
Deux	Du
Décimal	Decimala
Dix	Dek
Dix-Huit	Dek Ok
Dix-Neuf	Dek Naŭ
Dix-Sept	Dek Sep
Douze	Dek Du
Huit	Ok
Neuf	Naŭ
Quatorze	Dek Kvar
Quatre	Kvar
Quinze	Dek Kvin
Seize	Dek Ses
Sept	Sep
Six	Ses
Treize	Dek Tri
Trois	Tri
Vingt	Dudek
Zéro	Nul

Nourriture #1
Manĝaĵo Numero 1

Ail	Ajlo
Basilic	Bazilo
Café	Kafo
Cannelle	Cinamo
Carotte	Karoto
Citron	Citrono
Épinard	Spinaco
Fraise	Frago
Jus	Suko
Lait	Lakto
Navet	Rapo
Oignon	Cepo
Orge	Hordeo
Poire	Piro
Salade	Salato
Sel	Salo
Soupe	Supo
Sucre	Sukero
Thon	Tinuso
Viande	Viando

Nourriture #2
Manĝaĵo #2

Amande	Migdalo
Aubergine	Melanzo
Banane	Banano
Blé	Tritiko
Brocoli	Brokolo
Cerise	Ĉerizo
Céleri	Celerio
Champignon	Fungo
Chocolat	Ĉokolado
Jambon	Ŝinko
Kiwi	Kivo
Mangue	Mango
Oeuf	Ovo
Pain	Pano
Poisson	Fiŝo
Pomme	Pomo
Poulet	Kokido
Raisin	Vinbero
Riz	Rizo
Tomate	Tomato

Nutrition
Nutrado

Amer	Amara
Appétit	Apetito
Calories	Kalorioj
Comestible	Manĝebla
Diète	Dieto
Digestion	Digesto
Épices	Specoj
Équilibré	Ekvilibra
Fermentation	Fermentado
Ingrédients	Ingredientej
Liquides	Likvaĵoj
Poids	Pezo
Protéines	Proteinoj
Qualité	Kvalito
Sain	Sana
Santé	Sano
Sauce	Saŭco
Saveur	Gusto
Toxine	Toksino
Vitamine	Vitamino

Océan
Oceano

Algue	Algo
Anguille	Angilo
Baleine	Baleno
Bateau	Boato
Corail	Koralo
Crabe	Krabo
Crevette	Salikoko
Dauphin	Delfeno
Éponge	Spongo
Huître	Ostro
Méduse	Meduzoj
Poisson	Fiŝo
Poulpe	Polpo
Requin	Ŝarko
Récif	Rifo
Sel	Salo
Tempête	Ŝtormo
Thon	Tinuso
Tortue	Testudo
Vagues	Ondoj

Oiseaux
Birdoj

Aigle	Aglo
Autruche	Struto
Canard	Anaso
Cigogne	Cikonio
Colombe	Kolombo
Corbeau	Korvo
Coucou	Kukolo
Cygne	Cigno
Flamant	Flamingo
Héron	Ardeo
Manchot	Pingveno
Moineau	Pasero
Mouette	Mevo
Oeuf	Ovo
Oie	Ansero
Paon	Pavo
Perroquet	Papago
Pélican	Pelikano
Poulet	Kokido
Toucan	Toucan

Pays #1
Landoj #1

Afghanistan	Afganio
Allemagne	Germanio
Argentine	Argentino
Brésil	Brazilo
Canada	Kanado
Espagne	Hispanio
Équateur	Ekvadoro
Finlande	Finnlando
Inde	Barato
Israël	Israelo
Libye	Libio
Mali	Malio
Maroc	Maroko
Nicaragua	Nikaragvo
Norvège	Norvegio
Panama	Panamo
Philippines	Filipinoj
Pologne	Pollando
Roumanie	Rumanio
Venezuela	Venezuelo

Pays #2

Landoj #2

Albanie	Albanio
Chine	Ĉinio
Danemark	Danio
France	Francio
Haïti	Haitio
Indonésie	Indonezio
Irlande	Irlando
Jamaïque	Jamajko
Japon	Japanio
Kenya	Kenjo
Laos	Laoso
Liban	Libano
Mexique	Meksiko
Ouganda	Ugando
Pakistan	Pakistano
Russie	Rusio
Somalie	Somalio
Soudan	Sudano
Syrie	Sirio
Ukraine	Ukrainio

Paysages

Pejzaĝoj

Cascade	Akvofalo
Désert	Dezerto
Fleuve	Rivero
Geyser	Gejsero
Glacier	Glacero
Golfe	Golfo
Grotte	Kaverno
Iceberg	Glacebergo
Île	Insulo
Lac	Lago
Marais	Marĉo
Mer	Maro
Montagne	Monto
Oasis	Oazo
Océan	Oceano
Péninsule	Peninsulo
Plage	Plaĝo
Toundra	Tundro
Vallée	Valo
Volcan	Vulkano

Philanthropie

Filantropio

Besoin	Devas
Buts	Celoj
Charité	Bonfarado
Communauté	Komunumo
Contacts	Kontaktoj
Enfants	Infanoj
Finance	Financo
Fonds	Fundoj
Gens	Homoj
Générosité	Malavareco
Global	Tutmonda
Groupes	Grupoj
Histoire	Historio
Honnêteté	Honesteco
Humanité	Homaro
Jeunesse	Junulo
Mission	Misio
Programmes	Programoj
Public	Publiko

Physique

Fiziko

Accélération	Akcelo
Atome	Atomo
Chaos	Kaoso
Chimique	Kemiko
Densité	Denso
Électron	Elektrono
Formule	Formulo
Fréquence	Frekvenco
Gaz	Gazo
Gravité	Gravito
Magnétisme	Magnetismo
Masse	Maso
Mécanique	Mekaniko
Molécule	Molekulo
Moteur	Motoro
Nucléaire	Nuklea
Particule	Partiklo
Relativité	Relativeco
Universel	Universala
Vitesse	Rapido

Plantes

Plantoj

Arbre	Arbo
Baie	Bero
Bambou	Bambuo
Botanique	Botaniko
Buisson	Arbusto
Cactus	Kakto
Engrais	Sterko
Feuillage	Folioj
Fleur	Floro
Flore	Flora
Forêt	Arbaro
Grandir	Kresku
Haricot	Fabo
Herbe	Herbo
Jardin	Ĝardeno
Lierre	Hedero
Mousse	Musko
Pétale	Petalo
Racine	Radiko
Végétation	Vegetaĵaro

Professions #1

Profesioj #1

Ambassadeur	Ambasadoro
Astronome	Astronomo
Avocat	Advokato
Banquier	Bankisto
Bijoutier	Juvelisto
Cartographe	Kartografo
Chasseur	Ĉasisto
Danseur	Dancisto
Entraîneur	Trejnisto
Éditeur	Redaktoro
Géologue	Geologo
Infirmière	Vartistino
Médecin	Doktoro
Musicien	Muzikisto
Pianiste	Pianisto
Plombier	Plumbisto
Pompier	Fajrofomista
Psychologue	Psikologo
Scientifique	Sciencisto
Vétérinaire	Veterinaro

Professions #2
Profesioj #2

Astronaute	Astronaŭto
Bibliothécaire	Bibliotecario
Biologiste	Biologo
Chercheur	Esploristo
Chirurgien	Kirurgo
Dentiste	Dentisto
Détective	Detektivo
Enseignant	Instruisto
Illustrateur	Ilustristo
Ingénieur	Inĝeniero
Inventeur	Inventinto
Jardinier	Ĝardenisto
Journaliste	Ĵurnalisto
Linguiste	Lingvisto
Médecin	Kuracisto
Peintre	Pentristo
Philosophe	Filozofo
Photographe	Fotisto
Pilote	Piloto
Zoologiste	Zoologo

Psychologie
Psikologio

Clinique	Klinika
Comportement	Konduto
Conflit	Konflikto
Ego	Egoismo
Enfance	Infanaĝo
Expériences	Spertoj
Émotions	Emocioj
Évaluation	Takso
Idées	Ideoj
Inconscient	Senkonscia
Pensées	Pensoj
Perception	Percepto
Personnalité	Personeco
Problème	Problemo
Rendez-Vous	Nomumo
Réalité	Realo
Rêves	Sonĝoj
Sensation	Sento
Subconscient	Subkonscia
Thérapie	Terapio

Randonnée
Altiganta

Animaux	Bestoj
Bottes	Botoj
Camping	Tendumado
Carte	Mapo
Climat	Klimato
Eau	Akvo
Falaise	Klifo
Fatigué	Laca
Guides	Gvidiloj
Lourd	Peza
Météo	Vetero
Montagne	Monto
Nature	Naturo
Orientation	Orientiĝo
Parcs	Parkoj
Pierres	Ŝtonoj
Préparation	Preparo
Sauvage	Sovaĝa
Soleil	Suno
Sommet	Punto

Restaurant #2
Restoracio #2

Boisson	Trinkaĵo
Chaise	Seĝo
Cuillère	Kulero
Déjeuner	Tagmanĝo
Délicieux	Bonaj
Dîner	Vespermanĝo
Eau	Akvo
Épices	Specoj
Fourchette	Forko
Fruit	Frukto
Gâteau	Kuko
Glace	Glacio
Légumes	Legomoj
Oeuf	Ovoj
Poisson	Fiŝo
Salade	Salato
Sel	Salo
Serveur	Kelnero
Soupe	Supo

Réchauffement Climatique
Tutmonda # Varmi? O

Arctique	Arkto
Attention	Atentu
Climat	Klimato
Crise	Krizo
Développement	Evoluo
Données	Datumo
Environnemental	Media
Énergie	Energio
Futur	Estonteco
Gaz	Gazo
Générations	Generacioj
Gouvernement	Registaro
Habitats	Habitatoj
Industrie	Industrio
International	Internacia
Législation	Leĝo
Maintenant	Nun
Populations	Loĝantaroj
Scientifique	Sciencisto
Températures	Temperaturoj

Santé et Bien-Être #1
Sano kaj Wellness #1

Actif	Aktiva
Bactéries	Bakterioj
Blessure	Vundo
Clinique	Kliniko
Faim	Malsato
Fracture	Frakturo
Habitude	Kutimo
Hauteur	Alto
Hormone	Hormonoj
Médecin	Doktoro
Médicament	Medicino
Muscles	Muskoloj
Os	Ostoj
Peau	# ha? To
Pharmacie	Apoteko
Posture	Sinteno
Réflexe	Reflekso
Thérapie	Terapio
Traitement	Traktado
Virus	Viruso

Santé et Bien-Être #2
Sano kaj Wellness #2

Allergie	Alergio
Anatomie	Anatomio
Appétit	Apetito
Calorie	Kalorio
Corps	Korpo
Déshydratation	# Senakvi? O
Énergie	Energio
Génétique	Genetiko
Hôpital	Hospitalo
Hygiène	Higieno
Infection	Infekto
Maladie	Malsano
Massage	Masaĝo
Nutrition	Nutrado
Poids	Pezo
Récupération	Retrovo
Sain	Sana
Sang	Sango
Stress	Streĉo
Vitamine	Vitamino

Science
Scienco

Atome	Atomo
Chimique	Kemiko
Climat	Klimato
Données	Datumo
Expérience	Eksperimento
Évolution	Evoluo
Fait	Fakto
Fossile	Fosilo
Gravité	Gravito
Hypothèse	Hipotezo
Laboratoire	Laboratorio
Méthode	Metodo
Minéraux	Mineraloj
Molécules	Molekuloj
Nature	Naturo
Observation	Observo
Organisme	Organismo
Particules	Eroj
Physique	Fiziko
Scientifique	Sciencisto

Science-Fiction
Sciencfikcio

Atomique	Atoma
Cinéma	Kino
Explosion	Eksplodo
Extrême	Ekstrema
Fantastique	Mirinda
Feu	Fajro
Futuriste	Futurista
Galaxie	Galaksio
Illusion	Iluzio
Imaginaire	Imaga
Livres	Libroj
Monde	Mondo
Mystérieux	Mistera
Oracle	Orakolo
Planète	Planedo
Réaliste	Realismo
Robots	Robotoj
Scénario	Sceno
Technologie	Teknologio
Utopie	Utopio

Temps
Tempo

Annuel	Jaro
Après	Post
Aujourd'Hui	Hodiaŭ
Avant	Antaŭ
Bientôt	Baldaŭ
Calendrier	Kalendaro
Décennie	Jardeko
Futur	Estonteco
Heure	Hora
Hier	Hieraŭ
Horloge	Horloĝo
Jour	Tago
Maintenant	Nun
Matin	Mateno
Midi	Tagmezo
Minute	Minuto
Mois	Monato
Nuit	Nokto
Semaine	Semajno
Siècle	Jarcento

Types de Cheveux
Haraj Tipoj

Argent	Arĝento
Blanc	Blanka
Blond	Blonda
Boucles	Bukloj
Brillant	Brila
Chauve	Kalva
Coloré	Koloraj
Court	Mallonga
Doux	Mola
Épais	Dika
Frisé	Bukla
Gris	Griza
Long	Longa
Marron	Bruna
Mince	Maldika
Noir	Nigra
Sain	Sana
Sec	Seka
Tresses	Plektaĵoj
Tressé	Braided

Univers
Universo

Astéroïde	Asteroido
Astronome	Astronomo
Astronomie	Astronomio
Atmosphère	Atmosfero
Céleste	Ĉiela
Ciel	Ĉielo
Cosmique	Kosma
Équateur	Ekvatoro
Galaxie	Galaksio
Hémisphère	Hemisfero
Horizon	Horizonto
Latitude	Latitudo
Lune	Luno
Obscurité	Mallumo
Orbite	Orbito
Solaire	Suna
Solstice	Solstico
Télescope	Teleskopo
Visible	Videble
Zodiaque	Zodiako

Vacances #2
Ferio #2

Aéroport	Flughaveno
Camping	Tendumado
Carte	Mapo
Destination	Destino
Étranger	Fremda
Hôtel	Hotelo
Île	Insulo
Loisir	Libertempo
Mer	Maro
Passeport	Pasporto
Photos	Fotoj
Plage	Plaĝo
Restaurant	Restoracio
Taxi	Taksio
Tente	Tendo
Train	Trajno
Transport	Transportado
Vacances	Ferio
Visa	Viza
Voyage	Vojaĝo

Véhicules
Veturiloj

Ambulance	Ambulanco
Avion	Aviadilo
Bateau	Boato
Bus	Buso
Camion	Kamiono
Caravane	Karavano
Ferry	Primo
Fusée	Raketo
Hélicoptère	Helikoptero
Métro	Metroo
Moteur	Motoro
Navette	Pramo
Pneus	Pneŭoj
Radeau	Floso
Scooter	Skotero
Sous-Marin	Submarŝipo
Taxi	Taksio
Tracteur	Tractor
Vélo	Biciklo
Voiture	Aŭto

Vêtements
Vestoj

Bijoux	Juveloj
Bracelet	Braceleto
Ceinture	Zono
Chapeau	Ĉapelo
Chaussure	Ŝuo
Chemise	Ĉemizo
Chemisier	Bluzo
Collier	Koliero
Foulard	Skulo
Gants	Gantoj
Jupe	Jupo
Manteau	Mantelo
Mode	Modo
Pantalon	Pantalono
Pull	Seveter
Pyjama	Piĵamo
Robe	Vesto
Sandales	Sandaloj
Tablier	Antaŭtuko
Veste	Jako

Ville
Urbo

Aéroport	Flughaveno
Banque	Banko
Bibliothèque	Biblioteko
Boulangerie	Bakejo
Cinéma	Kino
Clinique	Kliniko
École	Lernejo
Fleuriste	Floristo
Galerie	Galero
Hôtel	Hotelo
Librairie	Librejo
Marché	Merkato
Musée	Muzeo
Pharmacie	Apoteko
Restaurant	Restoracio
Stade	Stadio
Supermarché	Superbazaro
Théâtre	Teatro
Université	Universitato
Zoo	Zoo

Félicitations

Vous avez réussi !

Nous espérons que vous avez apprécié ce livre autant que nous avons pris plaisir à le concevoir. Nous faisons de notre mieux pour créer des livres de la meilleure qualité possible.
Cette édition est conçue pour permettre un apprentissage intelligent et de qualité en se divertissant !

Vous avez aimé ce livre ?

Une Simple Demande

Nos livres existent grâce aux avis que vous publiez. Pourriez-vous nous aider en laissant un avis maintenant ?

Voici un lien rapide qui vous mènera à votre page d'évaluation de vos commandes :

BestBooksActivity.com/Avis50

CHALLENGE FINAL !

Défi n°1

Êtes-vous prêt pour votre jeu bonus ? Nous les utilisons tout le temps mais ils ne sont pas si faciles à trouver. Voici les **Synonymes** !

Notez 5 mots que vous avez trouvés dans les puzzles notés ci-dessous (n°21, n°36, n°76) et essayez de trouver 2 synonymes pour chaque mot.

Notez 5 Mots du ***Puzzle 21***

Mots	Synonyme 1	Synonyme 2

Notez 5 Mots du ***Puzzle 36***

Mots	Synonyme 1	Synonyme 2

Notez 5 Mots du ***Puzzle 76***

Mots	Synonyme 1	Synonyme 2

Défi n°2

Maintenant que vous vous êtes échauffé, notez 5 mots que vous avez découverts dans les Puzzles n° 9, n° 17, n° 25 et essayez de trouver 2 antonymes pour chaque mot. Combien pouvez-vous en trouver en 20 minutes ?

Notez 5 Mots du ***Puzzle 9***

Mots	Antonyme 1	Antonyme 2

Notez 5 Mots du ***Puzzle 17***

Mots	Antonyme 1	Antonyme 2

Notez 5 Mots du ***Puzzle 25***

Mots	Antonyme 1	Antonyme 2

Défi n°3

Formidable ! Ce défi final  n'est rien pour vous.

Prêt pour le dernier défi ? Choisissez 10 mots que vous avez découverts parmi les différents puzzles et notez-les ci-dessous.

1.	6.
2.	7.
3.	8.
4.	9.
5.	10.

Maintenant, composez un texte en pensant à une personne, un animal ou un lieu que vous aimez !

Astuce: Vous pouvez utiliser la dernière page de ce livre comme brouillon !

Votre Composition :

CARNET DE NOTES :

À TRÈS BIENTÔT !

Toute l'équipe

www.ingramcontent.com/pod-product-compliance
Lightning Source LLC
Chambersburg PA
CBHW082159120626
46553CB00010B/2949
9798896706915